Klaus Herold · Der Kieler Brandtaucher

Klaus Herold

Der Kieler Brandtaucher

Wilhelm Bauers erstes Tauchboot

Ergebnisse einer Nachforschung

Bernard & Graefe Verlag Bonn

Texterfassung: Klaus Herold, Wilhelmshaven
Herstellung/Layout: Walter Amann, München
Lithos, Druck und Bindung: Rieß-Druck, Benediktbeuern
Printed in Germany

ISBN 3-7637-5918-2

Inhaltsverzeichnis

Vorwort 9

Die Hebung des »Brandtauchers« 13

Planung und Entwurf 15

Der Bau des »Brandtauchers« 31

Die Subskription 31

Der Herbst und Winter 1850/51 in Schleswig-Holstein 34

Das erste Tauchboot bei Schweffel & Howaldt in Kiel 35

Die Konstruktion und der Bau des »Brandtauchers« 39

Der »Brandtaucher« wird zu Wasser gebracht 55

Der erste Tauchversuch — 1. Februar 1851 59

Kritische Interpretation der Ereignisse um den »Brandtaucher« 75

Das in Kiel im Jahre 1850 erbaute Modell 75

Die erreichte Tiefe 77

Die Zeit des Aufenthaltes im gesunkenen »Brandtaucher« 77

Die Übernahme des Bootes im gesunkenen Zustand 78

Die »Streichung der proponirten Stärken durch die Marine-Kommission« 79

Die wahren Ursachen der Havarie 81

Das weitere Schicksal und der Verbleib des »Brandtauchers« 87

Die Rekonstruktion des »Brandtauchers« 91

Die Bedeutung des »Brandtauchers« für die Entwicklung der Unterseeboote 95

Nachwort 111

Quellen und Anmerkungen 115

Beilage 1: Zeittafel zu Wilhelm Bauers Brandtaucher 123

Beilage 2: Münchner Neueste Nachrichten vom 8. März 1851 127

Beilage 3: Weber's Illustrirte Zeitung vom 8. März 1851 130

Beilage 4: Aufzeichnungen des Prinzen Friedrich zu Schleswig-Holstein-Noer 133

Beilage 5: Die Gartenlaube 1861, Nr. 41 135
Beilage 6: Nürnberger Anzeiger vom 27. März 1862 143
Beilage 7: Auszug aus Bauers Autobiographie »Erinnerungen aus meinem bewegten Leben« 147

Verzeichnis der Bilder 153

Der Autor 157

Wilhelm Bauer
Der Erfinder der unterseeischen Schiffahrt und der Schiffshebung

Vorwort

Um dieses erste in Deutschland erbaute Unterseeboot, das damals »Brand-Tauch-Apparat« oder »Brandtaucher« [1] genannt wurde und dessen Rekonstruktion heute im Militärhistorischen Museum in Dresden steht, sowie um seinen Erfinder haben sich seit dem ersten Tauchversuch am 1. Februar 1851, der unter dramatischen Umständen mißglückte, viele Legenden gebildet. Es wurden einige Bücher geschrieben, in den Zeitungen und Zeitschriften wurden viele Artikel veröffentlicht. Auch das Radio, das Fernsehen und der Film nahmen sich dieser Ereignisse aus dem letzten Jahrhundert an. So scheint dieses erste deutsche, von der Außenluft unabhängige Tauchboot, das in seiner zukunftsweisenden Technik und Ausführung in einer guten und dauerhaften Rekonstruktion erhalten geblieben ist, die Phantasie der Menschen immer wieder anzuregen. Auch in jüngster Zeit sind darüber noch Veröffentlichungen erschienen, die sich besonders mit dem »Brandtaucher« und dem Lebenswerk seines Erfinders beschäftigen. Deshalb könnte man durchaus der Meinung sein, es sei nun wirklich genug über diesen Themenkreis geschrieben.

Diese oft sehr interessanten Publikationen sind mit einer gewissen Spannung zu lesen und haben daher auch einen Unterhaltungswert. Da sie aber meist höchst großzügig mit der historischen Wahrheit umgehen, können sie kaum einen Anspruch auf eine Realität erheben. Wie angestellte Vergleiche ergaben, haben die Autoren sich meist an den von Bauer hinterlassenen biographischen Notizen und an den vielen Artikeln orientiert, die in der im letzten Jahrhundert weit verbreiteten Familienzeitschrift »Die Gartenlaube« erschienen sind und zu denen Bauer Manuskriptbeiträge lieferte. Meist wurden aber auch sehr viele Sekundärquellen benutzt, so daß sich im Laufe der Zeit ein ganz bestimmtes Bild geprägt hat, das so manchen Widerspruch und viele Unstimmigkeiten enthält.

Wilhelm Bauer hat selbst, teils um sich für seinen Mißerfolg in Kiel zu rechtfertigen, durch eine geänderte und manchmal auch durch eine nicht den Tatsachen entsprechende Darstellung der Ereignisse dazu beigetragen. Dadurch wollte er neue Interessenten und Geldgeber für seine Projekte gewinnen, die sich nicht nur mit der Konstruktion und dem Bau von Tauchbooten befaßten. In den Beilagen 2 bis 6 dieses Buches sind einige zeitgenössischen Publikationen über die Ereignisse in Kiel wiedergegeben. Sie wurden später die Grundlage und der Ausgangspunkt für so manche Veröffentlichung über Wilhelm Bauer. Bei einer vergleichenden Betrachtung ist zu erkennen, wie bereits schon damals im Laufe der Zeit die Legenden um den »Brandtaucher« entstanden sind.

Durch ein intensives Studium und die Auswertung der teilweise erst in den letzten Jahren in den Archiven aufgefundenen Akten und Dokumente der damaligen Zeit ergaben sich aber wesentliche Abweichungen von den bisherigen Veröffentlichungen sowie von deren Gedanken und Darstellungen. Die vorliegende Arbeit versucht, aus den Ergebnissen von Nachforschungen die historischen Vorgänge, soweit sie überhaupt noch zuverlässig zu rekonstruieren sind, so darzustellen, wie sie sich tatsächlich ereignet haben oder mit großer Wahrscheinlichkeit geschehen sein könnten. Auf eine spekulative Darstellung wurde weitgehend verzichtet. In den Fällen, wo eine derartige Betrachtungsweise nicht zu umgehen war, wird ausdrücklich daraufhingewiesen.

Damit sich der Leser durch Vergleiche ein eigenes Urteil bilden kann, wurden die wichtigsten Archivalien, Dokumente und zeitgenössischen Artikel in Auszügen oder im vollen Umfang beigefügt und soweit wie möglich im originalen Wortlaut wiedergegeben. Außerdem wurde versucht, die Vorgänge um den Bauerschen »Brandtaucher« im Zusammenhang mit den politischen Vorgängen und der militärischen Lage in Schleswig-Holstein in den Jahren 1849/52 zu deuten und zu klären.

Da bisher noch keine authentische Bau- oder Konstruktionszeichnung des Kieler »Brandtauchers« aufgefunden wurde, wird auch die vorliegende Arbeit keinen Anspruch auf eine vollgültige und letzte Wahrheit über die Ausführung des ersten Tauchbootes Wilhelm Bauers erheben können.

Die vorliegende Arbeit war zeitweise recht mühevoll und nahm einige Jahre in Anspruch. Sie war mit eingehenden Studien in vielen Archiven und Bibliotheken verbunden. So danke ich den Damen und Herren der folgenden Institutionen für die verständnisvolle Unterstützung und Bereitschaft, die sie mir zuteil werden ließen:

Marinefachbibliothek in Wilhelmshaven,
Stadtarchiv in Dillingen an der Donau,
Militärhistorisches Museum in Dresden,
Hamburg Messe und Congress GmbH in Hamburg,
Stadtarchiv in Kiel,
Reichsarchiv in Kopenhagen,
Deutsches Museum in München,
Landesbibliothek in Oldenburg,
Landesarchiv Schleswig-Holstein in Schleswig,
Landesbibliothek Schleswig-Holstein in Kiel,
Telefunken Systemtechnik AG in Ulm (Donau),
Verkehrsarchiv des Verkehrsmuseums in Nürnberg.

Folgenden Herren bin ich zu großem Dank verpflichtet:

Meinem Crewkameraden Dr. Paul Heinsius, weil er meine Interessen so nachhaltig vertrat und überhaupt erst ins Gespräch brachte.

Dr. Rudolf Poppa für die vertrauensvolle Überlassung des schriftlichen Nachlasses von Wilhelm Bauer.

Dipl.-Ing. Hans-Georg Bethge für seine großzügige Bereitschaft, mit der er mir die Rekonstruktions-Unterlagen des »Brandtauchers« zur Verfügung stellte, und seine Geduld bei der Beantwortung meiner vielen Fragen. Diese

Zusammenarbeit wurde erst möglich durch die Ereignisse des November 1989, die letztendlich auch zur Vervollständigung dieser Arbeit beitrugen.

Dr. Jürgen Jensen für die geduldige Überarbeitung des Manuskriptes und die wichtigen Hinweise für die Publikation.

Direktor Dr. Jürgen Rohweder und den Howaldtswerke-Deutsche Werft AG für die Hilfe, ohne die das Buch wohl nicht erschienen wäre.

Dr.-Ing. Gerhard Jäger für seine unschätzbare Hilfe bei der Beschaffung der Bilder.

Meiner Frau Elisabeth danke ich für ihre Geduld und das Verständnis, mit dem sie einige Jahre lang meine Beschäftigung mit der Geschichte Wilhelm Bauers und seines »Brandtauchers« ertrug, aber auch für ihr Interesse, das sie meiner Arbeit entgegenbrachte. Ohne ihre Hilfe und stetige Unterstützung wäre mir die Bearbeitung des vorliegenden Themas kaum möglich gewesen.

Die Hebung des »Brandtauchers«

Vor über hundert Jahren, am 5. Juli 1887, wurde vom Grunde des Kieler Hafens, bei den Baggerarbeiten zu dem Torpedobootshafen in Ellerbek, das Wrack eines Tauchbootes geborgen. Die Kieler Zeitung berichtete darüber in ihrer Abendausgabe vom 6. Juli 1887 [2]:

»* Kiel, 6 Juli (Das Bauer'sche Boot gehoben) Gestern mittag ist es endlich gelungen, das am 1. Februar 1851 im Kieler Hafen gesunkene unterseeische Boot des Submarine-Ingenieurs Wilhelm Bauer vermittelst des schwimmenden Krahns der kaiserlichen Werft zu heben. Was somit seit 36 Jahren wiederholt vergeblich versucht worden, ist nunmehr endlich geglückt. Das Boot lag ca. 7 Meter tief und ist, trotzdem es in so langer Zeit auf dem Meeresgrunde lag, noch verhältnismässig gut erhalten. Nachmittags $3^1/_2$ Uhr besichtigte Se. Königliche Hoheit Prinz Heinrich in Begleitung einer Anzahl Offiziere das interessante Wrack. Das Boot ist in einer Helling der kaiserlichen Werft untergebracht und soll zunächst einer gründlichen Reinigung, namentlich der inneren Teile, unterzogen werden. Die Länge desselben beträgt annähernd 25 Fuß.«

Zur Erinnerung wurde in der Kieler Zeitung, am 8. Juli die Aufforderung zur Subskription für die Erbauung eines Brand-Taucher-Apparates vom 7. September 1850 im Originaltext abgedruckt. Am nächsten Tag, am Sonnabend den 9. Juli 1887, konnte man in der Morgenausgabe der gleichen Zeitung, einen ausführlichen Bericht über das geborgene Boot lesen. [3]

»Der Brandtaucher Bauers.
Es sind Gedanken eigener Art, die in jedem Beschauer des nunmehr vom Grunde des Hafens ans Tageslicht gehobenen Bauerschen Taucherbootes aufsteigen. 36 Jahre — seit dem 1. Dezember 1850 — *(Anmerkung des Verf.: richtig 1. Februar 1851)* hat es auf dem Grunde des Hafen gelegen; alle Bemühungen, die Stelle, wo das genial erdachte Werk versunken war, ausfindig zu machen, waren vergebens gewesen. Durch Zufall gelang es, diese Stelle jetzt, nach einem Menschenalter, zu finden. Gelegentlich der Baggerarbeiten zu dem neuen Torpedohafen wurden mehrfach Eisentheile vom Grunde heraufbefördert, welche vermuthen ließen, daß am Grunde ein Schiffskörper liegen müsse. Die sofort durch Taucher angestellten Versuche ergaben dann, daß man es hier mit dem solange vergebens gesuchten Bauerschen Boote zu thun habe. Durch den von der kaiserlichen Werft herbeigeholten schwimmenden Krahn, welcher eine Tragkraft von 60 000 kgr. hat, wurde nun die Hebung desselben versucht; indessen war die Sache nicht so leicht, da das Boot im Laufe der Jahre ganz voll Schlamm getrieben war, und man war in Folge dessen genöthigt, sehr vorsichtig bei der Hebung vorzugehen. Nach zweitägiger angestrengter Thätigkeit hatte man endlich das Boot glücklich in einer Helling auf das Trockene geschafft und nun bot sich dasselbe den erstaunten Blicken der Zuschauer dar. Die Form des Schiffes, von oben gesehen, entspricht annähernd derjenigen einer Zigarre.
Von der Seite gesehen, hat es die Form eines unregelmäßigen Rechtecks. Das s.g. Deck ist etwas gewölbt; das Steuer, welches sich noch daran befindet, hat eine unverhältnißmäßige Länge und befindet sich ganz unten, nahe am Kiel, welcher ungefähr 150

Millimeter Durchmesser hat und rund ist. Oberhalb des Steuerruders befindet sich die Schraube. Dieselbe ist nach einem jetzt veralteten System konstruiert. Auf einem kurzen Zylinder laufen drei erhabene Naben schräge um denselben. An diese Naben sind mit eisernen Schrauben entsprechend geformte Platten von Eisen angebracht. Das Ganze sitzt auf einer in das Innere des Schiffes hineingehenden Welle, welche durch eine s.g. Stopfbüchse gegen das Eindringen des Wassers in den Schiffsraum geschützt wird. Das Steuerruder wird durch zwei im Inneren des Schiffes befindliche Stangen, welche außerhalb desselben in Ketten auslaufen und welche ebenfalls durch Stopfbüchsen gegen das Wasser abgedichtet sind, regiert. Die Stangen sind im Schiffsraum wiederum mit Ketten verbunden, diese Ketten laufen um eine am Steuerrade befindliche Welle, ähnlich wie die Einrichtungen noch heutzutage sind. Das Steuerrad selbst befindet sich ganz vorne im Raum des Schiffes. Die Betriebsmaschine, welche zur Fortbewegung des Schiffes dient, ist für Handbetrieb eingerichtet. Zwei große $1\frac{1}{2}$ Meter hohe Schwungräder sind zu beiden Seiten des Radkranzes mit Handgriffen versehen, und müssen durch Menschenhände in Bewegung gesetzt werden. Diese großen Räder übertragen die angewendete Kraft auf zwei kleinere Zahnräder, welcher ihrerseits die Kraft auf ein paar konische Zahnräder weitergeben und so auf die Welle mit der Schraube einwirken. Vorne und hinten ist je eine Handpumpe angebracht, welche das zum Sinken und Steigen nöthige Wasserquantum hinein und hinaus zu schaffen hatten. Die Räume für das Wasser befinden sich unter dem Fußboden. Vorne befanden sich einige Oeffnungen zum Einlassen des Lichtes, sog. Bullenaugen. Dieselben befinden sich aber jetzt nicht mehr daran, sondern sind auf dem Meeresgrunde fortgerissen, wahrscheinlich durch den Bagger. Eine Luke befindet sich an Deck, diese ist zum Ein- und Aussteigen bestimmt. Außer den angeführten Einrichtungen sind noch einige kleinere Vorrichtungen vorhanden, deren Zweck sich aber bis jetzt noch nicht recht erkennen läßt. Das Boot ist ganz aus 5 Millimeter dickem Eisenblech erbaut und hat eine größte Länge von acht Metern, eine größte Breite von reichlich zwei Metern und eine Höhe vom Kiel bis zum Deck von drei Metern. Bei der Reinigung fand man eine große Menge der verschiedensten Sachen in ganz vorzüglichem Zustande, vor Allem eine Anzahl dicker Roheisenstangen, welche als Ballast benutzt werden, eine noch weit größere Zahl derselben lagert noch in den Wasserräumen. Ferner befand sich im Schiffsraum ein kleiner eiserner Ofen mit Wasserkessel, Schuhe, Gummihandschuhe, Hämmer, Bohrer ein Rock u.s.w. Fragt man sich, wie es möglich war, daß das Schiff und alle darin befindlichen Gegenstände in dem langen Zeitraum vom Wasser nicht mehr angegriffen sind, als es thatsächlich der Fall ist, so muß man annehmen, daß durch die Bettung im Schlamm der Zutritt von Luft absolut ausgeschlossen war.«

Dieser Bericht, der in seinem ursprünglichen Text wiedergegeben ist, war der Anlaß für eine Untersuchung der Vorgänge, die im Jahre 1850 zum Bau des Tauchbootes für die Schleswig-Holsteinische Marine führten. Der Erfinder und Erbauer dieses submarinen Apparates war der Artillerie-Unteroffizier Wilhelm Bauer aus Bayern.

Planung und Entwurf

Wilhelm Bauer wurde am 23. Dezember 1822 in Dillingen an der Donau, im damaligen bayerischen Regierungsbezirk Schwaben, als Sohn eines Korporals geboren. Nach der Schulzeit erlernte er in München den Beruf des Drechslers und war fast sieben Jahre lang Kavallerist im 4. kgl. bayer. Chevauleger-Regiment »König«. Nach einer kurzen Zeit im Zivilleben trat er zu Beginn des Jahres 1848 in das 1. kgl. bayer. Artillerie-Regiment »Prinz Luitpold« ein.

Als Korporal in der 10. Feldbatterie dieses Regiments marschierte er mit dem bayerischen Hilfskorps im X. Bundes-Armeekorps nach Schleswig. Dort standen die Truppen des Deutschen Bundes für die Freiheit und Unabhängigkeit Schleswig-Holsteins im Kampf gegen Dänemark. Nach eigenem Bekunden will Bauer am 13. April 1849 bei dem Treffen von Düppel, um die Schiffsbrücke über den Alsensund bei Sonderburg zu sprengen, zum ersten Male den Gedanken zum Bau eines Bootes, mit dem er ungesehen und unter Wasser Sprengladungen an feindlichen Brücken und Schiffen anbringen konnte, gehabt haben. In den folgenden Monaten hat er dann, auch angeregt durch die Beobachtung der natürlichen Bewegungsfreiheit eines Seehundes, »einen nach jeder beliebigen Richtung in und unter das Niveau des Wassers bewegbaren Apparat« ersonnen und konstruiert.

Inzwischen war seine Truppe, nach dem Abschluß des Berliner Waffenstillstandes vom 10. Juli 1849, wieder nach Bayern zurückverlegt worden. Der Landesteil Schleswig wurde von preußischen und schwedisch-norwegischen Truppen besetzt und von einer dänisch-preußischen Kommission, der ein Engländer als »Schiedsrichter« angehörte, verwaltet. Der Wirkungsbereich der Statthalterschaft von Schleswig-Holstein unter Beseler und Graf Reventlou blieb auf den Landesteil Holstein beschränkt.

Weil es in Bayern an Sachverständigen fehlte, die Bauers Projekt hätten prüfen können, und auch sonst kein Interesse dafür vorhanden war, wollte er so schnell wie möglich wieder zurück nach Schleswig-Holstein. Am 27. Oktober 1849 meldete der Chef der 10. Kompanie des 1. bayer. Artillerie-Regiments »Prinz Luitpold«, Hauptmann Stiglitz, gehorsamst an das Regiment: »daß der Korporal Wilhelm Bauer, dessen 2jährige Reengagierungs-Dienstzeit sich mit dem 23ten Jänner n. J. erledigt, die Bitte gestellt hat in fremde Kriegsdienste, nämlich in Schleswig-Holstein'sche Militär-Dienste übertreten zu dürfen und daß ihm vor Beendigung seiner bayerischen Militär-Dienstzeit der Eintritt in Schleswig-Holstein'sche Dienste genehmigt würde, — der Militär Abschied dießseits allergnädigst ertheilt würde«.

Auf dem Dienstwege ging diese Meldung an das kgl. bayer. Kriegsministerium. Dort wurde der Antrag auf eine vorfristige Entlassung Bauers aus dem bayerischen Militärdienst abgelehnt. So erhielt er erst am 23. Januar

Bild 2: Sonderburg. Die Schiffsbrücke über den Alsensund. Bauer hatte am 13. April 1849 die Idee, diese Brücke zu sprengen, um den dänischen Verteidigern der Düppeler Höhen den Nachschub abzuschneiden. Daraus entstand dann die Absicht, ein Tauchboot zu bauen.

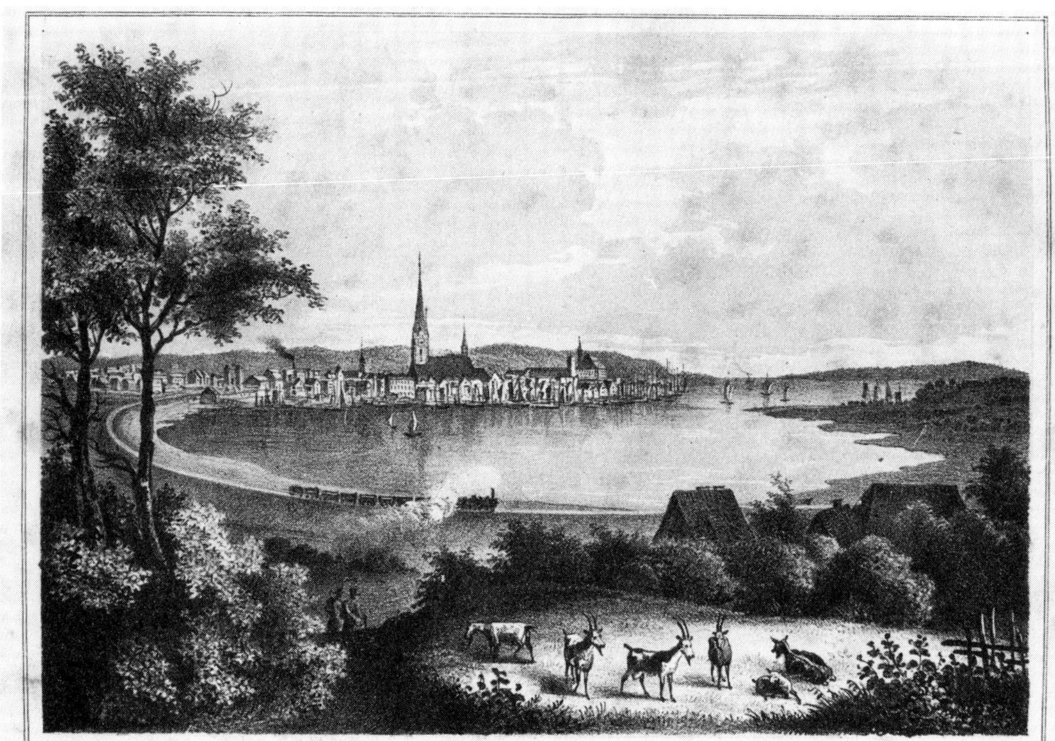

Bild 3: Ansicht der Stadt Kiel. (Um 1846).

1850, nach Beendigung seiner zweijährigen Dienstzeit bei der Artillerie, seinen Abschied aus dem aktiven Militärdienst der bayerischen Armee und ging zurück nach Schleswig-Holstein. Dort trat er mit Genehmigung der bayerischen Behörde [4] am 30. Januar 1850 als Ausländer, im Range eines Unteroffizieres »II. Classe«, in die schleswig-holsteinische Armee ein. Sein Truppenteil war die 3. Festungs-Batterie in Rendsburg. [5]

Bereits nach wenigen Tagen reichte er dem Departement des Krieges seine Pläne für einen Brand-Tauch-Apparat zur Begutachtung und Prüfung ein. Dieses beschloß, daß »die Kosten für das von dem Unteroffizier Bauer zu verfertigende Modell des von ihm erfundenen Zerstörungswerkzeuges bis zur Summe von 75 Mark Courant aus den der Marine für außerordentliche Ausgaben bewilligten Geldern«, also aus der schleswig-holsteinischen Marinekasse zu zahlen seien. Dieser Betrag entsprach 30 preußischen Talern, umgerechnet sind das nach heutigen Verhältnissen etwa 1.100 DM.

Mit diesem Schreiben vom 8. März 1850 beantragte die Marine-Kommission als Kommandobehörde der Schleswig-Holsteinischen Marine, den Unteroffizier Bauer zur »Verfertigung seines Modells und die Dauer dieser Arbeit« nach Kiel zu kommandieren. [6] Diese Kommandierung war offensichtlich eine bereits beschlossene Sache, denn am 8. März 1850 übersandte die 3. Festungsbatterie in Rendsburg die Personalpapiere Bauers [7], der bis auf weiteres zur Marine-Kommission kommandiert war. Sein Sold für die Zeit vom 12. bis 31. März in Höhe von 14 Mark Courant, 6 Schillingen und die Quartiervergütung für den 9. bis 31. März 1850 von 1 Mark Courant, 7 Schillingen war beigefügt. [8]

Am 1. April 1850 erhielt der »kommandierte Unterofficier II. Classe Bauer« für die Zeit vom 1. bis 30. April 1850 18 Mark Courant, 15 Schillinge Löhnung, $3^1/_2$ Mark Courant, 6 Schillinge und 9 Pfennige Verpflegungsgeld und 1 Mark Courant, 1 Schilling und 14 Pfennige Quartiergeld, insgesamt entspricht das einem heutigen Wert (1990) von etwa 340 DM. [9]

Um Bauers Vorhaben zu prüfen, ordnete das Departement des Krieges, nach heutigen Begriffen das Verteidigungsministerium, an [10]:

»Commissorium

1. Mit Genehmigung des Departement des Krieges hat der Unterofficier der 3. Schleswig-Holsteinischen Festungsbatterie, Wilhelm Bauer, ein Modell eines von ihm projectirten Taucherfahrzeuges angefertigt und nunmehr darum angehalten, daß dieses Modell, zum Zwecke der Ausführung einer Maschine im Großen, von einer dazu ernannten Commission begutachtet werden möge.
2. Das Departement des Krieges hat diesem Ansuchen des gedachten W. Bauer deferirt und ernennt mit Beziehung hierauf nachstehende Commission.
Artillerie-Hauptmann Liebe, als Präses,
Professor Karsten,
Lieutenant 1. Classe Kier,
Obermaschinenmeister Diederichsen,
Oberfeuerwerker Pirau,
Schiffsbauconstructeur Schirach.

3. Die Commission wird ersucht über das vorliegende Projecte des W. Bauer ein Gutachten gefälligst abgeben und an das Departement des Krieges einsenden zu wollen.
4. Der Präses der Commission wird das Erforderliche wahrnehmen, die Conferenzen der Commission feststellen und leiten, so wie auch den Unterofficier Bauer, welcher hier in Kiel anwesend die nöthigen Weisungen ertheilen.

Kiel, den 7. April 1850.

Das Departement des Krieges.

Krohn Jess«

Zwei Tage später, am 9. April 1850, fand eine Konferenz der Kommission statt, zu der auch der Unteroffizier Bauer befohlen war. Er stellte sein Modell eines Brand-Tauch-Apparates vor und gab dazu die notwendigen Erläuterungen. Zu praktischen Versuchen war das Modell aber nicht geeignet, da es nicht mit der dazu notwendigen Genauigkeit gearbeitet war, wie der Leiter der Kommission, Hauptmann Liebe, in seinem Schreiben vom 24. April 1850 feststellte. [11]

Bauer übergab ferner eine Zeichnung des Fahrzeuges und der einzelnen Teile, eine Zusammenstellung der Maße und Gewichte sowie die beiden folgenden Schriften »Zweck des Brand-Taucher« und »Verwendbarkeit des Brand-Taucher« [12]:

»Zweck des Brand-Taucher

a: Mit dieser Maschine so schnell als möglich in eine beliebige Tiefe fahren.	a: Die Maschine hat an beiden Enden des hohlen Raumes cylinderische Wasserpumpen zu $15\,^{2}/_{3}{}^{c'}$ [*Kubikfuß*] Luftraum durch deren Füllung eine 769mal größere Schwere, als die, der darin gemesenen Luft war, erzeigt wird, wodurch sie eine Fallgeschwindigkeit im Verhältniß der Quardrate der Zeiten erhält.
b: Eine beliebige Direction ab oder aufwärts bis auf 4' über das Niveau des Wassers zu nehmen.	b: Dieses wird erreicht durch Versetzung des zwischen dem Boden und dem Kiel beliebig direcktirbare Gewicht an der Schraube, mit aufgehobener oder vermehrter Strebekraft nach Oben.
c: Das Steuervermögen.	c: Die Maschine ist vermittelst des hinter der archimedischen Schraube angebrachten Steuer, durch den im vorderen Theil resp. Kopfe befindlichen Mann vollkommen dirigirbar.
d: Bewegungsfreiheit der Arme außerhalb der Maschine ohne Wassereindringung.	d: Es ist die innere und äußere Form des Kopfes der Art das die Brust des Mannes der nach außen agiren soll genau Platz hat, und die Arme in den, an der Maschine befestigten Kautschuck Ärmeln die größt möglichste Bewegungsfreiheit nach allen Seiten erhalten, ohne Wasser eindringen zu lassen.

e: Die Fortbewegung.	e: Der sich in der Maschine befindende zweite Mann kann durch die Kurbel von 1'4"-8" [*'Fuß,"Zoll*] Länge die aussen wirkende archimedische Schraube in einer Minute 20mal drehen.
f: Schnelligkeit der Bewegung bei arbeitender Schraube /:ohne Wasserwiederstand:/.	f: Da die einzelnen Tafeln so gestellt sind, daß sie bei 20 Umdrehungen in 1 Mt; eine Schraube von beinahe 400' zeichnet, so wird sich die Maschine im Schritttempo fortbewegen.
g: Wiederstandsfähigkeit gegen den Druck des Wassers.	g: Die Maschine ist von $\frac{1}{4}$" starken geschmiedeten Eisenplatten im länglichen Schiffsform gebaut. Die Platten werden von innen durch 2" starke Steifen auf je 2' Abstand getragen und gestützt; jede von diesen wird von den Durchlaufschienen gestützt und beigehalten.
h: Schwimm Vermögen	h: Da die Maschine 46000 [*Pfund*] Wasser verdrängt, dagegen nur 43900 [*Pfund*] schwer wird so erhält sie eine Tragkraft von 2100 [*Pfund*] Dieses Gewicht kann vermindert oder vermehrt werden durch Materialien je nach Bedarf. Doch dürfen stets nur die Cylinder die Strebekraft erzeigen.
i: Erleichterung des Schwimmvermögens	i: Hiezu dient der Kork als Bekleidung wegen geringen specifischen Gewichtes. Auch biethet er den größeren Schutz gegen aufgeworfene schwere Körper pp:
k: Grund warum die verschiedenen Stoffe zu den Aussenbauten verwendet werden.	k: Die $\frac{1}{4}$" starken geschmiedeten Eisenplatten geben die gleichmäßige Wiederstandsleistung durch ihren Kompactheit /: siehe die Eisenkraft in verschiedenen Werken:/ Kork biethet dem Führer ein moralisches Vertrauen zur Maschine und Tragkraft. Thon biethet den von aussen aufgeworfenen Brandstoffen das größte Hinderniß und vermindert das Eindringen von Wasser. Das den ganzen Bau einschließende Eisenblech von 1"' [*"'Linien*] Stärke dient dem Thon samt Kork in der vorgeschriebenen Form zu erhalten und mit der Maschine zu verbinden.

W. Bauer Unteroffz«

»Verwendbarkeit des Brand-Taucher.

Die von mir projectirte und in der Zeichnung vorliegende Brand-Maschine hat den Zweck alle feindlichen Schiffe, Wasserfahrzeuge so wie Brücken und Wasserwerke aller Art auf eine sichere und für den Unternehmer fast gefahrlose Weise zu zerstören. Dieses wird bezweckt oder erreicht:

1te Durch die direckte Anklammerung an das feindliche Schiff oder Object mit den angezeigten Vorrichtungen, wodurch dem Operateur geboten ist, weichen

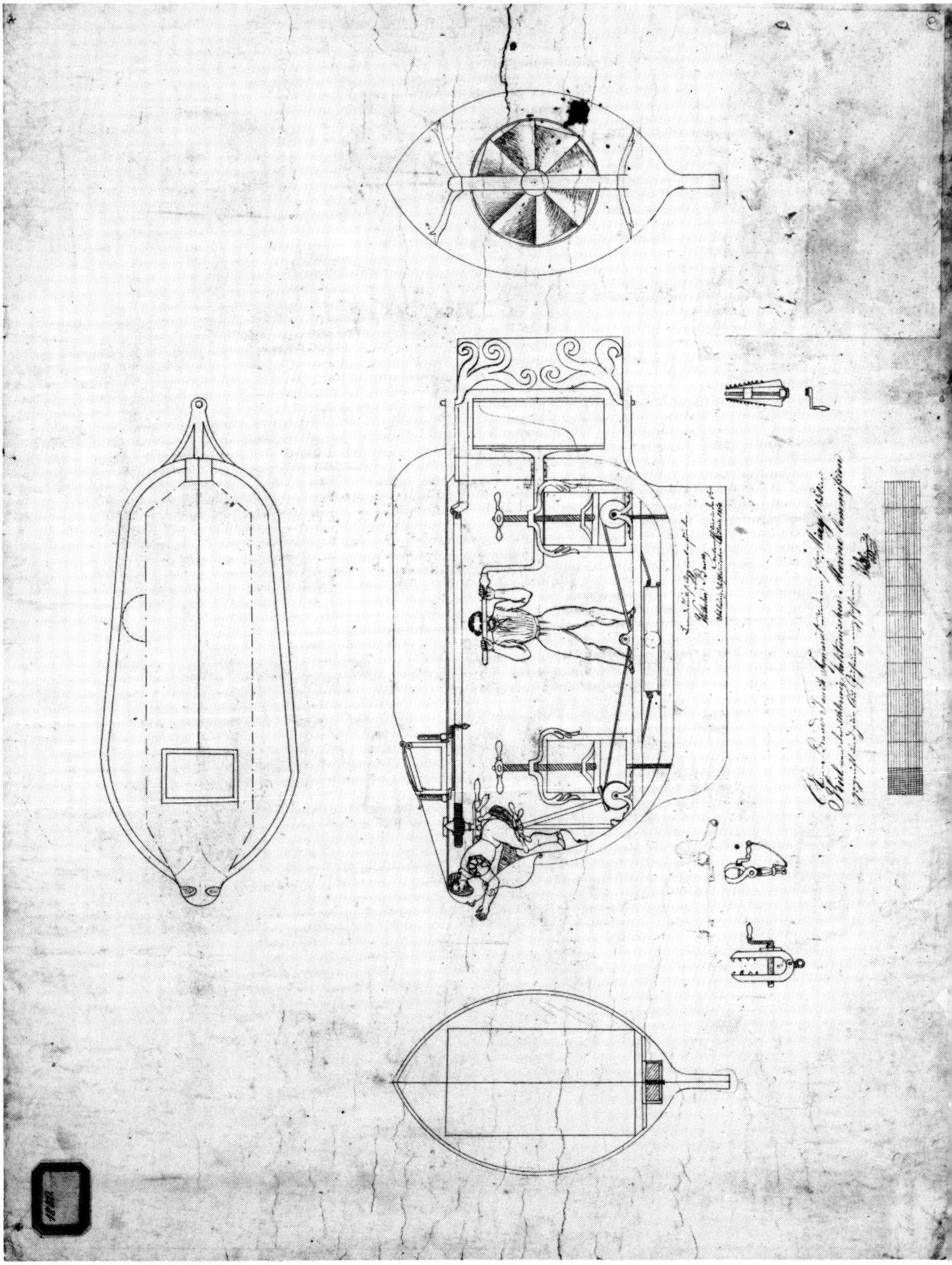

Brandsatz an die äusseren Flächen mit oder ohne Kupferbekleidung anzureiben und mit Hülfe einer galvanischen Batterie zu entzünden.

2te An Munitions Schiffe Brandballen oder Bomben zu befestigen oder dieselben Brandstoffe so wie congrävische Racketen in dieselben zu bringen und mittelst derselben Vorrichtung zu entzünden.

3te Schiffe am Steuer zu verkeilen, durch eigens dazu gefertigte Keile.

4te Schiffe bei günstiger Lage zu nöthigen, in das Batterie Feuer fahren zu müssen.

5te Die Kriegs und Handelshäfen zu beunruhigen so wie deren Handel zu nehmen durch Schiffsbrände Explosionen p.p.

6te Vor Anker liegenden Schiffen bei hohem Seegang die Taue oder Ketten abzuschneiden.

7te Feindliche Brüken und Wasserwerke zu sprengen.

8te Zum Recognosciren.

9te Auf dem Grund des Wassers befindliche Gegenstände bis zu 2000 Pfd. über das Niveau zu bringen.

10te Sprengladungen auf Schwimmer so wie Brandsterne während einer Kanonate zwischen Schiffe zu bringen und durch galvanische Batterie zu entzünden.

11te Die Corespondenz zwischen blockirten Schiffen, Häfen pp. zu vermitteln wenn über dem Niveau keine Communication stattfinden kann.

12te Als Rettungs Maschine in verschiedenen Fällen anzuwenden.

13te Pulvertonnen, Bomben und Granaten von allen Größen an das Schiff zu hängen und mittels galvanischer Batterie zu entzünden.

14te Congrevische Racketen nach verschiedenen Richtungen auf Schwimmer zwischen Schiffe zu bringen und auf dieselbe Weise zu entzünden.

Im verjüngten Maasstabe wird diese Maschine für Landtruppen durch die leichte Transportabilität von großem Nutzen sein.

W. Bauer Unteroffz«

Diese Unterlagen liefen bei den einzelnen Mitgliedern der Kommission um, damit alle zur Bildung eines eigenen Urteils eine genaue Einsicht gewinnen konnten. Nach einer ursprünglich für den 16. April angeordneten Konferenz, die auf den 18. April 1850 verschoben werden mußte, wurden alle Punkte, die sich auf die äußeren Einrichtungen und den Gebrauch des Fahrzeuges bezogen, gründlich besprochen und erwogen. Die Resultate der Meinungen wurden vom Leiter der Kommission gesammelt und in einem Gutachten zusammengestellt. Auf einer abschließenden Konferenz, die wegen einer dienstlichen Abwesenheit des Professors Karsten erst am 23. April 1850 stattfand, wurde das folgende Gutachten [13] von allen Mitgliedern der Kommission genehmigt und dem Departement des Krieges mit Bauers Zeichnungen und sonstigen Unterlagen übersandt.

»Gutachten über das vom Unteroffizier Bauer projectirte Taucherfahrzeug

Der unterzeichnenden Kommission sind zur näheren Erläuterung des vom Unterofffizier Bauer projektierten und in einem Modell ausgeführten Taucherfahrzeuges anliegend Schriftstücke, nämlich

◀ Bild 4: Tauchboot von Wilhelm Bauer mit Muskelkraftantrieb, 1850.

1. Zweck des Brandtauchers und
2. Verwendbarkeit des Brandtauchers

mitgetheilt worden.
Die Commission wird zunächst ihre Beurteilung an die darin aufgeführten Behauptungen anschließen.

1. In Bezug auf den Zweck des Brandtauchers

ad a,b,c findet sich nichts zu erinnern und können die angestellten Berechnungen über Tragfähigkeit und Lenkbarkeit des Fahrzeuges im allgemeinen zugegeben werden.
ad d ob die hier behauptete größtmögliche Armbewegungsfreiheit des in der Spitze des Fahrzeuges beschäftigten Mannes wirklich stattfindet, müßte erst durch Ausführung dargethan werden.
ad e die Länge der Kurbel ist für die anhaltende Arbeit eines Mannes jedenfalls zu groß gesetzt worden und kann höchsten nur zu 1'4" angenommen werden.
ad f Der pp. Bauer scheint hier zu vergessen, daß er nicht die Schraube allein sondern mit und durch dieselbe ein Fahrzeug vorwärts bringen will. Nach vorliegenden Versuchen würde für das projectirte Fahrzeug eine Maschine von circa 20 Pferdekräften erforderlich sein und jene Geschwindigkeit von 400' in einer Minute hervorzubringen. Durch die Arbeit eines Mannes würde in nicht bewegtem Wasser etwa in 4 Stunden eine Meile zurückgelegt werden können. Es kommen aber nicht selten Gegenströmungen von solcher Geschwindigkeit vor, so daß die Schnelligkeit der Fortbewegung oft eine sehr geringe sein würde.
ad g ist im Wesentlichen nichts zu eruieren.
ad h das Schwimmvermögen kann durch Vergrößerung der Länge des Fahrzeuges, was wie unten gezeigt werden wird für die Gestalt zweckmäßiger ist, bedeutend vermehrt werden.
ad i Die sehr theuere Korkbekleidung kann aus diesem Grunde fortfallen.
ad k Es genügt eine einfache Wand aus etwa 1/4" starken geschmiedeten Eisenplatten.

2. In Bezug auf die Verwendbarkeit des Brandtauchers.

ad 1. Die direkte Anklammerung an das feindliche Fahrzeug wird bei der fortwährenden Bewegung der Schiffe nur sehr schwierig zu bewerkstelligen sein. Die beabsichtigte Anwendung von Brandsatz ist gänzlich unstatthaft, da keiner der jetzt angewendeten Brandsätze unter Wasser brennt.
Wenn indessen wasserdicht eingeschlossene Pulvermassen den Schiffen angehängt um explodirt werden, so kann dadurch den Schiffen ein sehr bedeutender Schaden zugefügt werden.
ad 2. gilt das ad 1. Gesagte.
ad 3. wird durch die am Ruder wirkende sehr bedeutende Kraft, welche durch Flaschenzüge am Rohr noch verstärkt werden kann, beseitigt werden können.
ad 4. wird nicht zu berücksichtigen sein.
ad 5. steht im Zusammenhang mit der ganzen Brauchbarkeit des Apparates überhaupt.
ad 6. wird nicht leicht ausführbar, dann aber von nicht bedeutendem Schaden sein.
ad 7. Hierzu würde der Apparat, wenn er sich sonst in seinen einzelnen Teilen als zweckmäßig bewährt, noch mit dem meisten Vortheil benützt werden können.
ad 8. scheint nicht von Wesentlichkeit.
ad 9. kann durch die üblichen Tauchapparate leichter bewerkstelligt werden.
ad 10. Wenn die Sprengladungen die Schiffswände nicht unmittelbar berühren, so

müssen dieselben schon außerordentlich bedeutend sein, um erheblichen Schaden anzurichten.
ad 11. erscheint nicht von besonderer Bedeutung.
ad 12. wird wegen der Unbehilflichkeit in der Bewegung des Fahrzeuges nicht möglich sein.
ad 13. Die beabsichtigte Wirkung wird zweckmäßiger durch die Explosion von Pulver oder Knallpräparaten in wasserdichten Hüllen erreicht werden.
ad 14. werden die Raketenbündel nahe an die Schiffe gebracht, so wird der Effekt durch die geringe Geschwindigkeit der Geschosse sehr gering sein, auf größere Entfernung ist aber unter den angegebenen Umständen auf fast gar keine Sicherheit des Treffens mehr zu rechnen.

Die Commission hat nun ferner noch zu bemerken:

1. Bei einer Höhe von 10' kann die Breite des Fahrzeuges zu 5' und die Länge zu 25' angenommen werden, wobei die forttreibende Kraft am günstigsten wirken würde. Die Dimensionen der Seitenwände, Rippen, des Kiels, des Ruders usw. sind durchgehend zu schwer und können ohne Nachteil bedeutend leichter gebaut werden.

2. Durch diese Vergrößerung des inneren Raumes wird es möglich sein, daß noch ein 3ter Mann, welcher als Hilfsarbeiter und zur Ablösung unbedingt nothwendig sein würde, mit aufgenommen werden kann. Die Luft des abgeschlossenen Raumes wird alsdann noch für mehrere Stunden athembar sein.

3. Selbst wenn die äußere Hülle in Nietung und Stopfbüchsen auf das Sorgfältigste gearbeitet ist, wird nach und nach Wasser in den inneren Raum eindringen. Zu dessen Beseitigung die Anbringung von Druckpumpen unerlässlich sein wird.

4. Wie schon oben gesagt, ist die Geschwindigkeit der Fortbewegung des Fahrzeuges selbst unter günstigen Umständen sehr gering. Diese wird aber durch die an der Spitze des Fahrzeuges anzubringenden Materialien, als Pulvergefäße, Leitungsdraht und einiges nothwendiges Handwerkszeug noch mehr verringert werden, worunter als dann auch die Lenkbarkeit des Fahrzeuges sehr leiden kann.

5. Um unbemerkt sich den anzugreifenden Objecten zu nähern, wird eine längere Fahrt unter Wasser erforderlich sein, diese wird indessen in hohem Maase unsicher sein, da einmal die richtige Spielung einer Nadel bei der Menge des umgebenden Eisenwerks der Maschinentheile sehr beeinträchtigt sein muß und ferner loggen und peilen an und für sich unmöglich ist.

6. Ob die Sprengmaterialien stets mit Sicherheit und Leichtigkeit so nahe an die Schiffswände angebracht werden können, daß eine namhafte Wirkung entsteht, müßte durch Versuche im Großen nachgewiesen werden. Ob dazu die Anklammerung unter dem Kiel eines Schiffes genügt, könnte alllenfalls durch einen Versuch im Kleinen ermittelt werden.

7. Zum Bau eines solchen Taucherfahrzeuges mit Berücksichtigung der angegebenen Änderungen und einer äußerst sorgfältigen Arbeit, wie die Natur des Gegenstandes sie erfordert, sowie zur Ausführung der dazu gehörigen Versuche überhaupt, müssen die Kosten auf etwa 9 - 10.000 Mk: veranschlagt werden.

Wenn nun die Ansicht der Commission schließlich dahin geht, daß das projectirte Taucherfahrzeug wohl practisch ausführbar ist, doch nur unter sehr günstigen Umständten wird mit Erfolg angewendet werden können, so kann dieselbe nicht umhin noch darauf aufmerksam zu machen, daß das bloße Vorhandensein solcher Apparate dem Feind wohl Besorgnisse einflössen könne, die ihm zu großer Vorsicht und Zurückhaltung nöthigen möchten.

Kiel den 23ten April 1850

Die Commission zur Begutachtung des vom Unteroffizier Bauer projectierten Taucherfahrzeuges.

Liebe G. Karsten
Jac. Diederichsen
Kier
von Schirach
Pierau«

Mit dem folgenden Schreiben vom 24. April 1850 berichtete Hauptmann Liebe als Leiter der Kommission an das Departement des Krieges über das Ergebnis der Untersuchung und Begutachtung der Vorschläge und Konstruktionen Bauers für einen »Brandtaucher«. [11]

»Zufolge des Befehls des Hohen Departements vom 7. d. M. versammelte der Unterzeichnete die ernannten Mitglieder der Commission zur Begutachtung des vom Unterofficier Bauer projectirten Taucherfahrzeuges am 9. April. Zu dieser Conferenz war der Unterofficier Bauer ebenfalls befohlen, um der Commission die erforderlichen Aufklärungen über sein Project zu geben. Derselbe producirte und erläuterte ein Modell, was indessen zur Anstellung practischer Versuche nicht mit der nöthigen Genauigkeit gearbeitet ist, und übergab ferner eine Zeichnung des Fahrzeugs und der einzelnen Theile, eine Zusammenstellung der Maaße und Gewichte derselben, sowie die beiden dem Gutachten der Commission beigefügten Schriften.
Damit jeder der Herren Commissionsmitglieder eine genaue Einsicht gewinnen möchte, um danach sein Urtheil bilden zu können, circulirten diese Mittheilungen bei den einzelnen Mitgliedern der Commission.
Die darauf angeordnete Conferenz am 16. April mußte wegen Besichtigung der Flottille durch Seine Excellenz den Obergeneral ausgesetzt und auf den 18. d. M. verlegt werden.
In dieser Conferenz wurden alle Punkte, welche auf die äußere Einrichtung und den Gebrauch des Fahrzeuges Bezug haben, gründlich durchgesprochen und erwogen. Die Meinungsresultate wurden von dem Unterzeichneten gesammelt und in ein Gutachten zusammengestellt, welches in der nächsten Conferenz, welche wegen dienstlicher Abwesenheit des Herrn Professor Karsten erst zum 23. d. M. anberaumt werden konnte, den Mitgliedern vorgelegt und von denselben genehmigt wurde.«

Anscheinend war Bauer bei den letzten Sitzungen der Kommission nicht zugegen, deshalb reichte er am 24. April 1850 die folgende »Beilage zur Begutachtung des Brandtaucher-Apparades« [14] mit der Begründung: »Durch die Nichtzuziehung zu den Conferencen nothwendig gewordenen schriftlichen Erläuterungen und Contre-Beweise« bei der »Commission zur Begutachtung des vom Unterofficier Bauer projektierten Taucherfahrzeuges«

ein. Die Kommission nahm diese zur Kenntnis und zu den Akten. Damit scheint die ganze Angelegenheit vorerst erledigt gewesen zu sein.

»Beilage zur Begutachtung des Brandtaucher Apparades.

Durch die Nichtzuziehung zu den Conferencen nothwendig gewordenen schriftlichen Erläuterungen und Contre-Beweise.

Zweck

ad: d: Diese ist durch die üblichen TauchApparade so wie durch Cyrasiere und Minneur im practischen nachzuweisen.
ad: e: Ist schon in Vorlage und richtet sich nach der gegebenen Kraft oder nöthigen Schnelligkeit.
ad: f: Es ist gar nicht gesagt, mit der Maschine so schnell fahren zu wollen, als wie sich die archimedische Schraube die Bahn zeichnet.
Die Strömungen sind auch in vielen Fällen als mitlaufende zu nehmen.
ad: h: Konnte wegen der geringen Kostenanweisung /: 30 Prs: Thl :/ nicht nach der eigentlichen Zeichnung angefertigt werden.
ad: i: Mit dcm fällt auch das Vertrauen eines anderen Führers zur Maschine weg.
ad: k: Ist schon in Vorlage gesagt.

Verwendbarkeit

ad: 1. Nur für Führer ohne Resolution und practischen Fähigkeiten.
Kalium und Antimon erhalten nur durch den Sauerstoff des Wassers ihre Brennfähigkeit und entzünden alles Brennbare.
ad: 3. Ist practische bewiesen im gelingenden Falle wird es nur verursachen daß das Schiff in die Luft gesprengt wird.
ad: 4. Wird bei engen Passagen von großem Nutzen sein und oft die Übergabe der Übrigen ohne Demolierung veranlassen.
ad: 6. Bei bewegter See von großem Nutzen sonst wären die Anker unnütze Dinge.
ad: 7. Besondere Vortheile für Landtruppen wird selbe im verjüngten Maasstabe durch die leichte Transportabilität bieten.
ad: 8. Warum recognoscieren die Herren Generale wenn es nichts wesentliches ist?
ad: 9. Es ist noch nie ein Taucher 2000 (Pfund) ohne Hebezeug über das Niveau gekommen.
ad: 10. Dürfen nur Geschosse in sich führen.
ad: 11. Kann in verschiedenen Fällen vom größten Nutzen sein.
ad: 12. Wen nicht immer, doch manchmal.
ad: 14. Sie fliegen langsam aber bahren so lange fort als Satz darin ist und entzünden alles Brennbare. Als ricoschet Schuß muß er treffen.

Comissions Bemerkung:

1. Sie muß so schwer werden das nur die Cylinder die Tragkraft erzeugen.
2. Wo viel Raum verdrängt werden soll muß viel Schwere gebraucht werden.
3. Hiezu gehört noch Fernrohre Fensterfüllen, Apartement, Lampen pp und versteht sich von selbst.
4. Liegt in der Construction derselben.
5. Da der Führer nur den vortersten Spitze mit der geringsten Oberfläche bei Annäherung über das Niveau sehen läßt, so ist es unnöthig tief zu fahren da er auf

1' Tiefe die ganze Tagelage [Takelage] sehen kann dagegen nicht gesehen wird bis auf 50 Schritt Nähe von wo er dann tiefer fährt indem er den Schiffskörper als Schatten sieht.

Bei gleicher Eisenvertheilung bleibt der negative und positive Pol gleich wirkend.

6. Gewiß, weil man die größten Schiffe durch Taue in Schlepp nehmen kann.

7. Eine 6 [Pfünder] Kanone um 14000 Mk kann nicht einem Schiff Besorgniß einflößen geschweige eine Flotte welches doch die Comission dafür begutachtet.

Kiel d: 24ten April 1850

W Bauer Unteroffz
Erfinder des Brandtaucher«

Das Gutachten der Kommission und das Schreiben des Hauptmanns Liebe vom 24. April 1850 ging mit Bauers Zeichnungen und Schriftstücken am 26. April 1850 beim Departement des Kriegswesens in Kiel ein, wurde unter der Nr. 3816 registriert und an die III. Abteilung weitergereicht. Wenige Tage später erhielt Bauer von der Schleswig-Holsteinischen Marine-Kommission, dem Oberkommando der Schleswig-Holsteinischen Marine, das folgende Zeugnis: [15]

»Dem, behufs Anfertigung eines Modells zu dem von ihm erfundenen Brandtaucher, temporair zur Marine commandirt gewesenen Unterofficier 2ter Classe bei der 3ten Schleswig-Holst. Festungs Batterie, Wilhelm Bauer, aus München, wird von der Schleswig-Holsteinischen Marine Commission nunmehr, nachdem das gedachte Modell vollendet und auch von der vom Hohen Departement des Krieges zu diesem Zweck niedergesetzten technischen Commission geprüft worden, hiemittelst bescheinigt, daß sie mit den Leistungen des Bauer sehr wohl zufrieden gewesen so wie sie auch, da das abgegebene Gutachten der obgedachten Kommission sich empfehlend über diese Erfindung ausspricht, nicht unterläßt, dieselbe der Abtheilung für das Technische zur weiteren Berücksichtigung zu empfehlen.«

Dieses Zeugnis bestätigte Bauer das positive Gutachten der technischen Kommission und die Voraussetzungen für den Bau seines Brand-Tauch-Apparates.

Am 29. April 1850 teilte die Schleswig-Holsteinische Marine-Kommission der Artillerie-Brigade in Rendsburg mit, daß sie den »temporair zur Marine commandirten Unterofficier 2ter Classe Wilh. Bauer, nachdem das Modell eines von ihm erfundenen Brand-Tauchers vollendet und von einer vom Departement des Krieges dazu niedergesetzten Commission geprüft worden, nunmehr wieder entbehrlich zu ihr beordert, hat sich morgen den 30ten April 1850 wieder bei seiner Batterie in Rendsburg zu melden«. [16]

Nachdem offensichtlich alle Instanzen das Gutachten der Kommission geprüft hatten, schrieb am 26. Mai 1850 das Generalkommando der Schleswig-Holsteinischen Armee an das Departement des Krieges: [17]

»Um den Werth der dem Departement des Krieges bekannten Maschine des Unterofficier Bauer vollständig würdigen zu können, würde man die Sache wohl erst versuchsweise ausgeführt sehen müssen.
Das General-Kommando ist der Ansicht, daß diese Erfindung, wenn sich die Berechnungen des Erfinders hinsichtlich der mechanischen Resultate in der Wirklichkeit bestätigen sollten, eine nicht unerwünschte Verstärkung für die Hafen und Buchtenvertheidigung gegen feindliche Kriegsschiffe abgeben könnte. Wenn daher das General-Kommando nicht verkennen kann, daß ein Versuch im Allgemeinen wohl die Kosten von 9000 Mk. werth sein möchte, so kann es doch auch nicht übersehen, daß:
1. bisher alle derartigen Erfindungen auch wo sie mit noch so großen und anscheinend erwiesenen Erwartungen ausgeführt wurden, an irgend einem unvorhergesehenen Moment vollständig gescheitert sind, welches sich erst beim practischen Versuche herausstellte, und daß daher eine solche Erfindung stets auf ein bedeutendes Vorurtheil stoßen muß;
2. das vielleicht jetzt nicht der Moment für die Staatskasse sein dürfte, kostspielige Versuche anstellen zu lassen. —
Uebrigens empfiehlt das General-Kommando den Unterofficier Bauer — insofern man seine Erfindung auch derzeit zurücklegen möchte — durch irgend eine Auszeichnung an den hiesigen Dienst zu fesseln und wird dem Kommando der Artillerie Brigade aufgegeben, darüber zu berichten, ob es etwas angemessen sei den p.p. Bauer unter die Avantagisten aufzunehmen, eventuell zum Officier zu befördern.

Der commandirende General
v. Willisen«.

Was die Artillerie-Brigade auf dieses Schreiben geantwortet hat, ist bisher nicht bekannt geworden. Offensichtlich hat Bauer nichts von diesem Brief erfahren, auch wurde er nicht zum Offizier befördert, noch in die Liste der Offizieranwärter aufgenommen. Seine Beförderung zum Unteroffizier 1. Klasse erfolgte erst am 1. Januar 1851, zu einem Zeitpunkt an dem sein »Brandtaucher« zum ersten Male in der Kieler Förde gesunken war.

Diese Vorgänge wurden nach den in den Archiven aufgefundenen Akten rekonstruiert. Originale Konstruktions-Zeichnungen zu Bauers Kieler Projekt eines Brand-Tauchers waren bisher nicht aufzufinden.

Eine Ausführungs-Zeichnung des Kieler »Brandtauchers« war wahrscheinlich vorhanden im Nachlaß Bauers, denn am 19. August 1875, also kurz nach seinem Tode übersandte seine Witwe, dem Vermächtnis ihres Mannes folgend, dem Obmann des Freien Deutschen Hochstiftes zu Frankfurt am Main, Dr. Volger, die Modelle und Zeichnungen der Erfindungen Bauers. Ihrem Brief war eine Liste beigefügt mit der Überschrift »Verzeichnis der vorhanden Skizzen & Zeichnungen über Submarine u. andere Apparate von den Jahrgängen ...«. Auf den ersten beiden Zeilen dieser Liste ist zu lesen: »1850 Brandtaucher (erste Skizze vor der Commission in Kiel), 1851 Brandtaucher (practische Ausführung) ...«. [18]

Während die Zeichnung von 1850 erhalten blieb, die mit Bauers Schriften über den Zweck und die Verwendbarkeit des Brand-Tauchers, die er der Marine-Kommission am 9. April 1850 vorlegte, in allen wesentlichen Teilen übereinstimmt, fehlt von der zweiten Zeichnung aus dem Jahre 1851 bisher jede Spur.

Die Zeichnung von 1850 enthält u.a. keine Spanten und stellt eine Konstruktion dar, die völlig von der des Ende 1850 bei Schweffel & Howaldt in Kiel erbauten »Brandtauchers« abweicht. Beschriftungen dieser Zeichnung sind wahrscheinlich später hinzugefügt. Vielleicht wurde diese Zeichnung auch nachträglich angefertigt. Es könnte auch vermutet werden, daß diese skizzenhafte Unterlage, die offensichtlich von Bauer selbst gezeichnet wurde, als Illustration zu seiner als Manuskript überlieferten Autobiographie »Erinnerungen aus meinem vielbewegten Leben«, die er in den Jahren 1866/67 verfaßte [19], gedacht gewesen ist.

In diesem fragmentarischen Bericht über sein Leben schreibt Bauer, er habe in Kiel ein Modell im Maßstab 1:12, von 27 Zoll Länge, 11 Zoll Höhe und 7 Zoll Breite, nach dem schleswig-holsteinischen Maßsystem sind das etwa 64,5 x 26,3 x 16,7 cm [20], aus Kupfer und Eisen für 30 preußische Taler erbaut. Dabei soll ihm nach der Vollendung des Modells der beteiligte Mechaniker seine Kosten aus Freude über das Resultat erlassen haben. Bauer will das von einem Uhrwerk angetriebene Modell der Marine-Kommission im Kieler Hafen über und unter Wasser fahrend vorgestellt haben, was aber nach den nun vorhandenen Erkenntnissen mehr fraglich ist.

Nach den bisher bekannten Akten und Aufzeichnungen ist anzunehmen, daß das Modell etwa in der Zeit vom 9. März bis 8. April 1850, also binnen eines Monats angefertigt wurde. Am 9. April 1850 stellte es Bauer der Kommission zur Begutachtung des Taucherfahrzeuges vor. Nach dem Bericht dieser Kommission, erstattet an das Departement des Krieges von Hauptmann Liebe, war das Modell aber »zur Anstellung practischer Versuche nicht mit der nöthigen Genauigkeit gearbeitet«. [11]

Weiterhin berichtet Bauer in seinen »Erinnerungen« über die von ihm vorgenommenen Vernichtung des Modells, als ihm »der Kommandant der Marine, Oberstlieutnant Jeß« *(Anmerkung des Verf.: Major von Jeß war damals 1. Vorsitzender der Marine-Kommission)*, befahl das Modell an die Behörde abzuliefern. Mit einem »Beilkopf« habe er es so flach wie eine Brieftasche geschlagen und es dem Bürodiener, der es abholen sollte, mit den Worten übergeben: »daß es ihm *(Major v. Jeß)* jetzt zur Verfügung stünde, als Unteroffizier hätten Sie von mir die 30 preussischen Taler wiederbekommen in Material und Arbeit, als Erfinder wahre ich mir mein geistiges Eigentum«.

Dieser Vorfall, der jedoch mehr als fragwürdig erscheint, aber bezeichnend für Bauers Wesen und Charakter ist, könnte sich wahrscheinlich nur nach dem 27. April 1850 zugetragen haben. Denn an diesem Tage hatte die Marine-Kommission Bauer für seine Leistungen das anerkennende Zeugnis ausgestellt. Nach seinen »Erinnerungen« wurde er dann wenige Tage darauf nach Neustadt zur 2. Batterie beordert und von dort nach Heiligenhafen als Strandbatterie-Kommandant versetzt.

Nach dem Schreiben der Marine-Kommission vom 29. April 1850 hatte Bauer sich jedoch am 30. April 1850 wieder bei seinem bisherigen Truppenteil, der 3. Festungsbatterie in Rendsburg, zu melden. Wahrscheinlich wurde er später, etwa im Juli 1850, bei Heiligenhafen [21] eingesetzt, da er in seinen »Erinnerungen« von einem Gefecht der beiden dort stationierten Kanonenboote mit dänischen Kriegsschiffen berichtet. Offensichtlich meint er damit das Gefecht der Kanonenboote Nr. 2 und Nr. 5 am 19. Juli 1850 unter Lieutenant Söndergaard, gegen ein dänisches Kriegsdampfschiff und mehrere Kanonenboote, nachdem die Dänen den Feldzug des Jahres 1850 durch die Besetzung der Insel Fehmarn am Morgen des 17. Juli 1850 eröffnet hatten. In Heiligenhafen versuchte Bauer einen Brandtaucher aus Holz zu bauen, um die im Fehmarnsund liegenden Kriegsschiffe anzugreifen. Wie er berichtet, wurde ihm das aber von seinem Vorgesetzten, dem Lieutenant Piersig [22], der damals Inspekteur der Ostseebatterien war, verboten.

Der Bau des »Brandtauchers«

Am 14. August 1850 fragte der Lieutenant II. Klasse Söndergaard, der Kommandeur der Ostsee-Division, die aus den Kanonenbooten Nr. 2 und Nr. 5 bestand, mit einem Schreiben beim Marinekommando an, »ob die Erfindung des Brand-Tauch-Apparates des Unterofficier Bauer noch anzusehen ist als ein Staatsgeheimniß u. ob es recht von mir gehandelt ist, mich an die Spitze einer Subskriptionsliste gestellt zu haben, worin genannter Bauer sich verpflichtet für 800 Courantmark einen Taucher zu bauen, der im Sunde sehr gut seine Anwendung finden könnte gegen die Dänischen Kanonenböte«. [23]

Bereits am nächsten Tage antwortete ihm das Marinekommando, daß sich die Regierung mit dem Unternehmen einer Subskription zur Erbauung eines Brand-Tauchers, nach dem von dem Unteroffizier Bauer erfundenen Modell, nicht befassen könne. Man war aber mit einer Fortsetzung dieser Subskription einverstanden und der Meinung, daß das Unternehmen privat fortgesetzt und zustandegebracht werden könnte, »da die Erfindung dieses Brand-Tauch-Apparates kein der Regierung gehöriges Geheimniß ist«. [24]

Am 31. August 1850 jedoch unterschrieb der Unteroffizier II. Classe Wilhelm Bauer von der 3. Festungs-Batterie, im Auditoriat der Schleswig-Holsteinischen Artillerie-Brigade, eigenhändig die folgende Verpflichtung [25]:

»Es sistierte sich heute vor dem unterzeichneten Auditeur der Unteroffizier Wilhelm Bauer und erklärte sich bereit mit Beziehung auf den von ihm erfundenen Brand-Tauchapparat, den mittelst produzierten Schreibens des Generalkommandos vom 21. d. Mts. verlangten Revers, daß er solange er noch in hiesigen Diensten stehe, seine Erfindung für kein anderes Land als Schleswig-Holstein realisieren wolle, zu erteilen.«

Damit war Bauer fast am Ziel seiner Pläne und Wünsche. Nun fehlte nur noch das Geld für den Bau des »Brandtauchers«, das aus den Mitteln des Staates in der allgemein schwierigen Situation nicht zu beschaffen war. Es wurde deshalb versucht, wie schon so oft geschehen, die Mittel durch einen Spendensammlung zu beschaffen.

Die Subskription

Am 7. September 1850 erging dann der folgende Aufruf: [26]

»Aufforderung zur Subscription

Der Unteroffizier der 3ten Festungsbatterie Wilhelm Bauer, früher während 9 Jahren in bayerschen Artilleriediensten, hat einen, auch vor längerer Zeit in öffentlichen Blättern mehrfach erwähnten sogenannten Brand-Taucher-Apparat ausfindig gemacht, durch welchen unter dem Wasser Schiffe und Wasserwerke auch in weiten

Entfernungen entzündet und vernichtet werden sollen, und ist diese Erfindung seiner Zeit durch eine, von unserer Staatsregierung bestellte Commission, bestehend aus den Herren:

Hauptmann der Artillerie Liebe als Präses,
Professor der Chemie und Physik Karstens,
Premier-Lieutenant und Chef der Marine Kjer,
Obermaschinenmeister Diedrichsen,
Oberschiffsbauconstrukteur von Schirach,
Oberfeuerwerksmeister Pirau,

gründlich untersucht und begutachtet worden.
Das Schlußergebnis dieses längeren Gutachtens spricht über den beregten Apparat in folgenden Worten aus:

»Wenn nun die Ansicht der Commission schließlich dahin geht, daß das projectirte Taucher-Werkzeug wohl practisch ausführbar ist, doch uns unter den günstigen Umständen nicht gegen schnellsegelnde Schiffe wird mit Erfolg angewendet werden können, so kann dieselbe nicht umhin, darauf aufmerksam zu machen, daß das bloße Vorhandensein solcher Apparate dem Feinde wohl Besorgnis einflössen könne, die ihn zu großer Vorsicht und Zurückhaltung nöthigen möchten.«

Die Regierung hat die Kosten der Anfertigung eines ersten Probe-Apparates nicht auf die Gefahr der Staatskasse übernehmen zu können geglaubt; es ist indessen vom Generalkommando dem Unterofficier Bauer auf sein Ansuchen ein 4wöchentlicher Urlaub ertheilt zur Erbauung eines solchen Brandtauchers auf Privatkosten, und sind zu dem Behufe von Privaten in den Städten und Landdistricten Ostholsteins ungefähr 600 Mk. Schl.-Holst. Cour. gezeichnet, weitere Mittel aber dort und namentlich in Altona in gewisse Aussicht gestellt. Bauer veranschlagt die Kosten eines in ruhigeren Gewässern brauchbaren Brandtauchers auf 1600 bis 2000 Mk. und die eines größeren, für die offene See bestimmten, auf 5000 bis 8000 Mk.

Wir Unterzeichnete halten uns davon, — daß unsere Landsleute behufs Erprobung einer von anerkannten Fachkennern so günstig begutachteten, für unser Vaterland voraussichtlich so überaus werthvollen Erfindung, sich an Aufbringung der Kosten genügend betheiligen werden, — so zuversichtlich überzeugt, daß durch unsere Vermittelung Bauer bereits auf der, dem Herrn Holler gehörigen Eisenhütte vor Rendsburg die Arbeiten zur Ausführung seiner Erfindung begonnen hat, und wir fordern daher jeden Vaterlandsfreund auf, zur Vollendung derselben auf dem umstehenden Bogen Geldbeiträge zu zeichnen, dieselben auch, damit die Arbeiten nicht unterbrochen werden müssen, zur baldigen Einzahlung bereit halten zu wollen. Wir bitten alle Unterzeichner, das nöthige Geheimniß dieser Sache zu bewahren, und werden denselben über die Verwendung der eingezahlten Gelder und über die Ergebnisse des anzufertigenden Tauchers demnächst Rechenschaft auf geeignetem Wege abstatten und etwaige Überschüsse der Hohen Statthalterschaft zur Erbauung anderer Taucher, sofern der Erste sich bewähren wird, oder zu sonstigen vaterländischen Unternehmungen überweisen.Zum Zweck einer möglichst raschen Übersicht über den Erfolg der Subscription bringen die unterzeichneten Officiere in Vorschlag, daß beim Militär **compagnieweise** Sammlungen angestellt würden und der Gesammt-Ertrag, welcher bis weiter in den Truppencassen aufbewahrt werden könnte, auf dem umstehenden Bogen eingetragen würde, und machen schließlich darauf aufmerksam, daß für den Fall einer ungetheilten Betheiligung des Militärs der Beitrag von 1 Schilling à Mann allein gegen 2000 Mk., von 3 bis 4 f à Mann aber das Erforderliche zur Erbauung des großen Apparates bringen würde. — Zur Circulation dieser Aufforderung beim Militär ist von Sr. Excellenz, dem commandierenden General die Erlaubniß ertheilt worden.

Rendsburg, den 7ten Septbr. 1850

Grunwald, Hauptmann beim Generalstabe	J. Christiansen, Professor zu Kiel	Feldmann, Hauptmann beim Departement des Kriegswesens	H. Neergard, Premier-Lieutenant im Ingenieur-Corps«

Doch nicht nur in Schleswig-Holstein forderten die ausgelegten Subskriptionslisten zu einer Geldspende für den in Kiel zu erbauenden »Brandtaucher« auf. Auch in den anderen deutschen Ländern wurde dafür geworben und gesammelt. So war in der Münchner Zeitung »Außerordentliche Beilage zum Bayerischen Landboten vom 26. September 1850.« folgender Aufruf zu lesen [27]:

Für Schleswig-Holstein.

In allen Gauen unseres deutschen Vaterlandes finden sich Herzen, die warm für die Erhaltung seiner Größe und Ehre schlagen. Jeder Deutschgesinnte bemüht sich, unseren bedrängten Brüdern im Norden behülflich zu seyn. Die Einen senden ihnen so viel sie vermögen an Kriegsbedarf. Andere tragen ihnen Blut und Leben entgegen, und unter diesen ist ein Bayer, der schon im vorigen Jahre als Artillerie-Unteroffizier freiwillig mit in den Kampf für die deutsche Sache zog. Aber heuer will er dem Lande durch mehr als die Weihung eines einzelnen Lebens nützen.

Er erfand nämlich eine Kriegsmaschine, die dem Feinde einen größeren Schrecken einzujagen vermag, als Tausende von Spitzkugeln.

Holsteins Regierung ist vorläufig nicht im Stande die Herstellung und Anschaffung dieser Maschine aus ihrer Kasse zu bestreiten; deßhalb verabredeten sich mehrere Mitglieder jener Kommission, die auf Regierungsbefehl die Anwendbarkeit des Apparats zu prüfen hatte, durch Subscription freiwilliger Beiträge aus ganz Deutschland dem Erfinder zur Vollendung des bereits begonnenen Werkes zu verhelfen.

Und wirklich ward dieses ihre Vorhaben schon gleich Anfangs mit Erfolg gekrönt: schleswig'sche Soldaten haben bereits eine nicht unbedeutende Summe zusammengesteuert; doch ist diese noch lange nicht zureichend. Darum schien es uns nöthig, daß auch wir das Möglichste zur schleunigen Herstellung dieses trefflichen Werkzeuges beitragen.

Deutschland und insbesondere Bayern hat doch schon so vielfältig seine Liebe für Schleswig an den Tag gelegt; Bayern hat Schleswig diesen Mann gegeben, möge Bayern es demselben auch möglich machen, Deutschland nicht nur den Willen, sondern auch die That zu zeigen.

Wir erwarten zuversichtlich, daß die bei der Expedition dieses Blattes (Perusagasse Nr. 4) hinterlegte Subscriptionsliste, in welcher auch Näheres über die Maschine selbst nebst Gutachten enthalten ist, recht bald viele Geber zeigt.

Der Herbst und Winter 1850/51 in Schleswig-Holstein

Obwohl in diesen Wochen und Monaten die militärische Lage und die politische Situation der deutschen Seite zunehmend kritischer wurde und mehr als aussichtslos war, befaßte man sich mit dem Unternehmen des Baues eines Tauchbootes für die Schleswig-Holsteinische Marine. Vielleicht glaubte und hoffte man, mit dieser neuen Waffe die Überlegenheit der dänischen Seemacht brechen zu können, denn es ist höchst unwahrscheinlich, daß dieses Tauchboot nur zum Zwecke des Experimentierens gebaut wurde.

Nach dem Berliner Friedensvertrag vom 2. Juli 1850, der nach langwierigen Verhandlungen unter dem Druck von Rußland und Österreich zustande kam und bei dem Preußen im Namen des Deutschen Bundes handelte, waren alle fremden Truppen abgezogen worden. Es war ein Friedensvertrag mit dem gegenseitigen Vorbehalt aller Rechte. Dem König von Dänemark wurde aber das Recht zugestanden, zur Wiederherstellung seiner »gesetzlichen Autorität« in Holstein den Deutschen Bund um Hilfe anzurufen. Die Statthalterschaft jedoch war nicht gewillt kampflos zu weichen.

Der letzte Abschnitt der schleswig-holsteinischen Erhebung begann. Schleswig-Holstein war nur noch auf seine eigenen Streitkräfte angewiesen und stand allein gegen die überlegenen dänischen Streitkräfte. [28]

Anfang Juli 1850 wurden die schleswig-holsteinische Armee und Marine mobilisiert. Nach der dänischen Landung auf Fehmarn am 17. Juli 1850, folgte das Seegefecht vor Heiligenhafen am 19. Juli 1850 und zwei Tage später das Gefecht vor dem Kieler Hafen. Am gleichen Tage, am 21. Juli 1850, ging in der Neustädter Bucht unter unglücklichen Umständen das Dampf-Schrauben-Kanonenboot »Von der Tann« im Gefecht mit den dänischen Kriegsschiffen »Hekla« und »Valkyrien« verloren.

Dann folgte am 25. Juli 1850 die Schlacht bei Idstedt, in der die schleswig-holsteinische Armee unter General von Willisen geschlagen wurde. Diese Schlacht bedeutete die endgültige militärische Niederlage der deutschen Schleswig-Holsteiner. Die Dänen verloren 3800 Mann und die Schleswig-Holsteiner 2800, beide Armeen damit den zehnten Teil ihres Bestandes. Da eine weitere Offensive durch die allgemeine Lage wenig Erfolg versprach, beschränkte sich General von Willisen auf eine Verteidigung der Eiderlinie.

Auf See ereigneten sich einige Auseinandersetzungen mit den dänischen Schiffen, wie beim Seegefecht am 16. August 1850 vor dem Kieler Hafen bei Bülk und am 5./6. September bei Heiligenhafen sowie der Beschuß von Eckernförde durch dänische Fregatten. [29] Nach einigen kleineren Unternehmungen im Krieg zu Lande, kam es bei Missunde am 12. September zum erfolglosen Angriff auf die Enge der Schlei. Vom 29. September bis zum 4. Oktober 1850 versuchten die Schleswig-Holsteiner das von den Dänen besetzte Friedrichstadt zu stürmen. Unter großen Verlusten mißlang dieses Unternehmen. Nach dieser militärisch und politisch sinnlosen Schlacht war der schleswig-holsteinische Krieg, der drei Jahre gedauert hatte, beendet.

Am 2. November 1850 verlangte der Deutsche Bundestag zu Frankfurt von der Statthalterschaft als der Regierung des Landes die Einstellung der Feindseligkeiten und den Rückzug der Armee hinter die Eider. [30] Dagegen forderte die Statthalterschaft von dem kommandierenden General von Willisen eine Offensive, die dieser jedoch im Augenblick aus politischen und militärischen Gründen als nicht zulässig ansah. Um weitere Auseinandersetzungen mit der Regierung des Landes zu vermeiden, nahm er am 8. Dezember 1850 seinen Abschied. Sein Nachfolger wurde der General Freiherr von der Horst. [31]

Die ersten Auswirkungen der Punktation von Olmütz vom 28./29. November 1850, bei der sich Preußen zum Erhalt des Friedens allen Forderungen Österreichs gefügt hatte und nach denen Schleswig-Holstein der dänischen Regierung unterstellt werden sollte, begannen sich zu zeigen.

Das erste Tauchboot bei Schweffel & Howaldt in Kiel

In dieser Zeit ohne Hoffnung auf den Erhalt der Eigenständigkeit Schleswig-Holsteins sollte nun der Bau des ersten deutschen Unterseebootes beginnen. Nach den teilweise erhalten gebliebenen Zeichnungslisten scheint sich die Subskription bis Ende September 1850 hingezogen zu haben. [32] Zusammengekommen waren dadurch etwa 3000 Mark Courant, nach heutigem Geld etwa 43.500 DM.

Derartige freiwillige und private Spendenaktionen, die als Subskriptionen bezeichnet wurden, waren damals die üblichen Unternehmen, um dem notleidenden Vaterland und der verarmten Staatsregierung die notwendigen Geldmittel für die Beschaffung von Wehrmaterial zur Verfügung zu stellen oder um Mitbürgern, die von der Geißel des Krieges geschlagen waren und bittere Not litten, Hilfe zu leisten. So waren die Kanonenboote Nr. 3, 6, 9, 11 und 12 der Schleswig-Holsteinischen Marine, also etwa ein Drittel ihres Bestandes, mit den Mitteln privater Geldgeber finanziert worden. [33]

Wie in der Aufforderung zur Subskription mitgeteilt wurde, hatte der Bau des »Brandtauchers« bereits in der Hollerschen Carlshütte bei Rendsburg begonnen. Ein genaues Datum für den Baubeginn war bisher nicht festzustellen. Vermutlich wird der Zeitpunkt dafür frühestens in der zweiten Hälfte des Monats August 1850 zu suchen sein, doch wahrscheinlicher ist die Mitte des Monats September 1850. Da Holler »nicht genügte«, nach Bauers »Erinnerungen« war es angeblich die dänische Gesinnung Hollers und seiner Meister, wurde der Bau in der Maschinenfabrik von Schweffel & Howaldt in Kiel fortgeführt und vollendet.

Schweffel & Howaldt war damals eine Maschinenfabrik, Gießerei und Kesselschmiede, aber keine Werft. [34] In der Gießerei am Kleinen Kiel wurden die Kanonen für die schleswig-holsteinische Armee und Marine gegossen und in der Maschinenfabrik auf der Rosenwiese am Eisenbahndamm die Dampfmaschine für das Schrauben-Kanonenboot Nr. 1 »Von der Tann« hergestellt. Dieses Boot war das erste Schiff an der schleswig-holsteinischen Küste, das mit Hilfe einer Schiffsschraube fortbewegt wurde. Dagegen war Bauers »Brand-Tauch-Apparat« das erste aus Eisen erbaute Schiff an der deutschen Ostseeküste.

Ob nun tatsächlich der Bau des »Brandtauchers« oder die Fertigung einzelner Teile dafür in Rendsburg begonnen wurde, läßt sich nicht mehr feststellen. In den Akten und Geschäftsbüchern, der seit dem Jahre 1827 bestehenden Hollerschen Carlshütte in Büdelsdorf bei Rendsburg, die seit dem Jahre 1941 den Firmennamen Ahlmann-Carlshütte KG trägt, sind keine Angaben darüber zu finden. [35] Nachzuweisen ist in dem fraglichen Zeitraum ist nur ein Schriftwechsel mit der Marine-Kommission (Lor. Karberg) über die Lieferung von Koks und Steinkohlen an das Dampfschiff »Rendsburg«.

Es erscheint als ziemlich wahrscheinlich und im Bereich der Möglichkeiten, daß Bauer vorbereitende Verhandlungen mit Holler über den Bau des »Brandtauchers« geführt hat, da sein Truppenteil, die 3. Festungs-Batterie, aber auch das General-Kommando zu dieser Zeit in Rendsburg stationiert war. Nach der Aufforderung zur Subskription vom 7. September 1850 war der Bau des »Brand-Tauch-Apparates« vorerst ein völlig privates Unternehmen, eine Freizeitbeschäftigung des Erfinders und Erbauers, der dafür auf eigenen Antrag vom Generalkommando vier Wochen Urlaub erhalten hatte. Dieser Zustand sollte sich jedoch im November 1850 ändern.

Nach Bauers »Erinnerungen« scheint der Bau bei Schweffel & Howaldt aber zeitweise nur schleppend vorangegangen zu sein. Obwohl nach der »Aufforderung zur Subscription« eine Kommission den Bau beaufsichtigen sollte, die aus dem Professor Christiansen sowie den Hauptleuten Grunwald, Feldmann und Neergard bestand, verzögerte der oft stockende Zufluß der Geldmittel das Vorhaben. Mehrmals mußte der Bau eingestellt werden. Die Zeichnung der Subskriptionslisten erfolgte nur zögernd und fand bei manchen Einheiten »keinen Anklang« und demzufolge »wurde zu diesem Zweck nichts beigesteuert«. [36] Die in der späteren Literatur oft wiederholte Behauptung, daß die gesamte schleswig-holsteinische Armee und Marine einen ganzen Tagessold für den Bau des »Brandtauchers« gespendet hatte, ist anscheinend eine Absicht geblieben. Die Gedanken und Anregungen dazu finden sich in dem letzten Absatz der »Aufforderung zur Subscription«, die sich letzten Endes nicht verwirklichen ließen, da zu dieser Zeit, trotz einer allgemeinen Verarmung durch die Ereignisse des Krieges, eine Spendensammlung die andere förmlich ablöste.

Bauer erzählt weiter: »Als jedoch verlautete, daß das österreichische und preußische Armeecorps als Interventionstruppen gegen Schleswig-Holstein heranziehen, so schritt ich zu einem exceptionellen Hilfsmittel, indem ich mir ein kleines Terzerol kaufte, dieses im Schweffel und Howaldtschen Zeichnungszimmer lud und dem Werkmeister sagte: ›Es ist mir jetzt ganz einerlei, ob ich einen Dänen niederschieße oder einen dänisch Gesinnten. Wenn ich binnen 14 Tagen meinen Apparat nicht ins Wasser setzen kann, so ist der Schweffel und Howaldt wo die Anderen sind!‹ Diese Äußerung half; denn sofort wurden mir alle Leute der Fabrik zur Disposition gegeben und obgleich nun die Mittel von seiten der Armee durch die inzwischen eingetretenen

Auflösung derselben vollkommen versiegten, so wollte ich doch um jeden Preis den Apparat ins Wasser setzen.«

Auch diese Ausführungen und Geschehnisse, falls sie sich ereignet haben sollten, sind wiederum kennzeichnend für Bauers Charakter und die Art seines Wesens. Doch ein derartiges Verhalten war nicht gerade geeignet, sich Freunde zu schaffen, aber er war förmlich besessen von seiner Idee und suchte seine Pläne und sein Vorhaben mit allen ihm zur Verfügung stehenden Mitteln durchzusetzen.

Da geplant war, den »Brandtaucher« als »unterseeisches Zerstörungswerkzeug« einzusetzen, schrieb der »Unterofficier II^{ter} Classe« Wilhelm Bauer, von der 3. Festungsbatterie in Kiel, am 23. November 1850 an das »Commando der 2ten Festungsbatterie in Rendsburg« und bat gehorsamst um 500 Pfund Pulver, acht 18-pfündige Vollkugeln und eine scharf laborierte Brandbombe zur Füllung für jede der von ihm angefertigten vier Stück Petarden. [37] Er sah sich zu dieser Bitte ermutigt, wie er weiterhin schrieb, da ihm die »Hohe Regierung« 3000 Mark zur Vollendung seines Baues genehmigt hatte. Die Petarden wollte er im Feuerwerkslaboratorium der Marine mit den erbetenen Mitteln füllen. Als Grund für seine Bitte nannte er die wenig ergiebigen Subskriptionsbeiträge, die nicht ausreichten für »die Anschaffung der nöthigen nicht unbedeutenden Masse Pulver, Kugeln und Bomben«.

Außerdem bat er das »Hohe General Commando«, »da der von dem gehorsamst Unterzeichnenten erfundene und erbaute BrandTauchApparat in einigen Tagen zu Wasser gebracht und geprüft werden wird« um Erlaubnis »sich in Betreff dieses Tauchapparates direkt an dasselbe wenden zu dürfen um treffende Befehle zu erhalten«. [38] Dieses Schreiben wurde am 27. November 1850 von der 2. Festungsbatterie in Rendsburg an die Festungs-Artillerie-Abteilung und von dort über das Artillerie-Regiment an die Artillerie-Brigade weitergeleitet. Diese legte es zwei Tage später dem Generalkommando in Rendsburg vor. Am 3. Dezember 1850 wurde dieses Gesuch vom Kommandierenden General unterschrieben im Auftrage vom Chef des Stabes, Oberstleutnant von Jeß, weitergeleitet an das Departement des Krieges mit der Bemerkung: »Das Generalkommando kann dieses Gesuch nur unterstützen, einmal des Zweckes wegen, andererseits weil noch alte Pulverbestände vorhanden sind, die wohl zu solchen Sprengversuchen, ohne daß dadurch ein besonderer Verlust entstehen dürfte, sehr gut verwendet werden können.«

Am 5. Dezember wird der Vorgang von der 3. Abteilung des Departements des Krieges an die 2. Abteilung per Hand weitergereicht. Dort wird am gleichen Tage entschieden und mit dem folgenden Vermerk die Akte an die 3. Abteilung zurückgegeben: »mit einer Anweisung auf die zur Ladung eines Pulverkastens erforderliche Munition ergebenst remittirt, mit dem Bemerken, daß der pp. Bauer vorläufig mit diesem Quantum einen der 4 zum hyponautischen Apparate gehörigen Pulverkasten laden kann und es ihm später frei steht, die Munition für die übrigen 3 Kästen zu beantragen.«

Dieser Bescheid, mit dem Bauer auch die Benutzung des Marine(Feuerwerks)-Laboratoriums gestattet wurde, geht auf dem gleichen, langen Dienst-

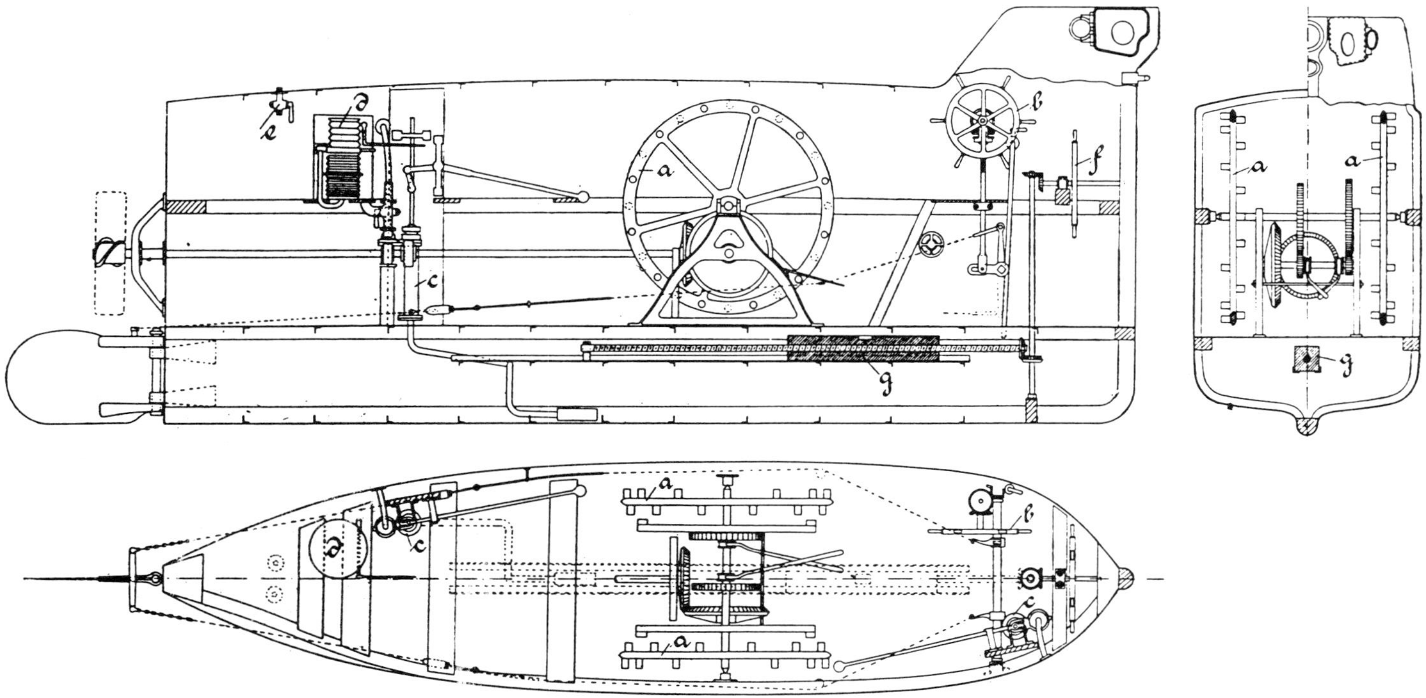

Bild 5: Wilhelm Bauers »Brandtaucher«, Kiel 1850/51, nach Busley.

wege wieder zurück und hat ihn am 10. Dezember 1850 erreicht. Nach dem Briefbuch der Artillerie-Brigade erhielt Bauer eine Zuweisung für »5 Ctr. Kanonenpulver, 8 Stck. 18pfdr. Vollkugeln und eine scharfgeladene Brandbombe von 50 Pfd.« [39]. Spätestens damit, aber wahrscheinlich noch früher mit dem Schreiben des Generalkommandos vom 10. November 1850, mit dem für den »Brandtaucher« 3000 Mark Courant genehmigt wurden, endete seine Urlaubs- und Freizeitbeschäftigung des Baues eines Unterseebootes für die Schleswig-Holsteinische Marine.

Ob es nun tatsächlich zur Füllung einer Petarde gekommen ist, konnte bisher nicht zu ermittelt werden. In dem Inventarverzeichnis zum Protokoll vom 4. März 1852, über die Ablieferung der Holsteinischen Marine an den dänischen Kommandeur Gandil, sind auf der Seite 40 unter »c. vom Brandtaucher« unter anderen Gegenständen »4 große und 3 kleine Pulverkessel aus Eisenblech« verzeichnet. [40]

Die zeitbedingten Umstände der bereits in der Auflösung begriffenen holsteinischen Armee und Marine und der Verlust des »Brandtauchers« am 1. Februar 1851 verhinderten eine weitere Beschäftigung Bauers mit den geplanten Sprengladungen in Form von Petarden, die er unter Wasser an den feindlichen Schiffen anbringen und dann elektrisch zünden wollte.

Die Konstruktion und der Bau des »Brandtauchers«

Von dem »Brandtaucher« waren bisher keine Konstruktionszeichnung aufzufinden. Nach der Hebung des Bootes im Jahre 1887, an dem der Kopf fehlte, wurden viele, meist recht phantasievolle Skizzen und Zeichnungen angefertigt. Eine Anzahl davon ist in dem Buch von Bethge im Kapitel »Vergleichende Analyse bisheriger Darstellungen« [41] mit den entsprechenden Kommentaren wiedergegeben. Alle bisher bekannten, nachträglich angefertigten Skizzen und Zeichnungen sind meist Produkte der Phantasie des jeweiligen Zeichners. Sie entsprechen, besonders im Bereich des Vorderteils, der sogenannten Kopfsektion des Bootes, mit an Sicherheit grenzender Wahrscheinlichkeit nicht dem historischen Original. Demnach weichen auch alle bisher gebauten Modelle sowie die im Militärhistorischen Museum in Dresden stehende Rekonstruktion von der ursprünglichen Ausführung des »Brandtauchers« ab.

Die bisher allgemein übliche Darstellung des Kopfes, der vorderen Sektion des Bootes, begann wahrscheinlich mit der Zeichnung, die in dem ersten Jahrbuch der Schiffbautechnischen Gesellschaft im Jahre 1900 veröffentlicht wurde. Sie erschien als eine der Illustrationen zu dem Vortrag von Geheimrat Prof. Busley über das Thema »Die modernen Unterseeboote«, den dieser auf der ersten Hauptversammlung der Schiffbautechnischen Gesellschaft am 5. Dezember 1899 in Anwesenheit des Kaisers Wilhelm II. gehalten hatte. [42]

Das Modell im Deutschen Museum in München wurde 1908 von Marx wahrscheinlich nach diesen Zeichnungen angefertigt. Es zeigt ebenfalls den

Bild 6: Modell des »Brandtauchers« von Marx.

wesentlich zu hoch angenommenen Kopf des »Brandtauchers«. [43] Als Beweis für diese Feststellung und Behauptung können aber nur Zeichnungen dienen, die entweder von Bauer selbst angefertigt wurden oder von ihm autorisiert worden sind.

Unter dem Datum vom 24. Januar 1851, der Poststempel ist vom 23. Januar 1851, also wenige Tage vor dem ersten wirklichen Tauchversuch, schrieb Bauer an seine Eltern und Brüder den folgenden Brief [44]:

»Da Sie einige Auskunft über den Bau meines Apparates wünschen, so übersende ich Ihnen beiliegende Skize. Muß jedoch bitten damit vorlieb zu nehmen, den es war Nacht als ich es zeichnete. Der Zweck desselben ist Schiffe, Brücken und Wasserwerke zu demontiren resp zu sprengen. Doch ist dieser Apparat noch lange nicht so gebaut als wie ich es wollte, da es mir an Geldmittel fehlte und ich froh sein mußte ihn so bauen zu können, daß er mit genauer Berechnung das leistet waß bei einem richtig gebauten spielerei ist. Er erhält 5 Mann 5 Stundten mit der nöthigen Luft. Kann 10000 (Pfund) heben und auf 60' Tiefe holen. Kann in beliebigen Krümmungen seitwärts und auf und ab fahren. Kann wochenlang auf 50' Tiefe bleiben.

Für mein Vaterland wäre es von großem Nutzen solche, jedoch kleine Apparate zu haben, welche mit 4 Pferden mit der Armee geführt würden, um dem Feind die Brücken sammt einem Theil der Mannschaft zu sprengen. Ebenso bei Festungen welche am Wasser liegen welches jedoch am Bollwerk 6' Wasser haben müßte. Deßgleichen zum Brückenbau in Feindes Nähe, und zum Pontong schleppen pp: Doch darf ich daran nicht denken den ich bin nicht adelig und habe noch zu wenig Ruf. Ich muß erst nach andern Staaten um Baiern darauf aufmerksam zu machen-. Meine Entlassung erhielt ich noch nicht, doch wen es sein sollte so werde ich nach Amerika gehen oder in die Türkei.

Was hier mit meinem Apparat begonnen wird, kann ich noch nicht sagen, da ich für den Fall des Friedens 10 000 Thlr. für die Erfindung verlangt habe.«

Dieser Brief enthält drei Zeichnungen mit den notwendigen Erläuterungen vom »Brand-Tauch-Apparat« in den Einzelheiten »Seiten-Ansicht«, »Vorne« und »Innen«. Weiterhin befindet sich im Stadtarchiv zu Dillingen an der Donau ein Bild, das den Vorgang des Aussteigens oder Entkommens der drei Männer (Bauer, Witt und Thomsen) aus dem gesunkenen Boot so darstellt, wie es Bauer berichtete. Nach dem Stil und der Art der Zeichnung wurde dieses Bild mit großer Wahrscheinlichkeit von Bauer selbst gezeichnet bzw. gemalt.

Weiterhin enthält der schriftliche Nachlaß Bauers eine kolorierte Skizze , die den gleichen Vorgang darstellt und die wahrscheinlich eine Vorstudie zu diesem Bild ist.

Die Bildbeilage zu der Broschüre von Hauff [45] stellt mit dem Titel: »II: Das im Hafen von Kiel zu Grund gegangene Taucherschiff Wilhelm Bauer's« den »Brandtaucher« im Schnitt dar. In der Legende zu dieser Abbildung wird bei »a, Kopf« unter »6 Steuerung und Sitz« eine wichtige Einzelheit im Bild bezeichnet. Alle späteren Zeichner, Modellbauer und sonstige Interpreten sind irrtümlicherweise offensichtlich davon ausgegangen, daß Bauer die Steuerung des Bootes und das beabsichtigte Anbringen der Sprengladung im

Stehen ausführen wollte. Auf allen Zeichnungen Bauers, auch auf seiner nachweisbar allerersten eines Tauchbootes, hat der Führer des »Brandtauchers« seine Arbeit im Sitzen verrichtet. Anders ist das Ausüben mehrerer Funktionen, wie das Bewegen des Trimmgewichtes mit den Füßen zur Steuerung der Lastigkeit, Anbringen der Mine am Kiel des feindlichen Schiffes usw., auch kaum möglich und vorstellbar. Bei der Betrachtung von Bauers späteren Konstruktionszeichnungen für Tauchboote sowie seines dritten, erst im Jahre 1968 wiederaufgefundenen und jetzt im Deutschen Museum in München ausgestellten Demonstrationsmodells eines Unterseebootes [46], fällt auf, daß ohne Ausnahme bei allen Bauerschen U-Bootskonstruktionen der Kopf nicht höher ist als der höchste Punkt des Mittelkörpers.

Die von Bethge im Jahre 1967 [47] und Lawrenz 1969 [48] angefertigten Zeichnungen des »Brandtauchers« entsprechen mit Ausnahme der Kopfsektion weitgehend dem Original. Bei einer sitzenden Tätigkeit und Funktion des Bootsführers war die Höhe des »Brandtauchers« in der Kopfsektion (Spant 12 bis Vorsteven) beim Original etwa 3,06 m, also um 45 cm niedriger als bei dem rekonstruierten Boot. Auch dürfte der Kopf im Bereich der Löcher für die Guttapercha-Handschuhe nur etwa 40 cm breit gewesen sein. Um die beabsichtigten Manipulationen mit der Petarde durchführen zu können, mußten die Schultergelenke des Ausführenden frei beweglich sein. Deshalb war es erforderlich, daß die Wandbegrenzungen der Öffnungen in den Achseln des agierenden Mannes lagen. Bauer wies darauf hin bereits am 9. April 1850 in seiner Schrift »Zweck des Brand-Tauchers« [12] im Punkt »d: Bewegungsfreiheit der Arme außerhalb der Maschine ohne Wassereindringung«.

Durch die Verkleinerung des »Kopfes« entsteht auch eine geringe Verminderung des Volumens. Nach Bethge [49] hatte der »Brandtaucher« bei einer Länge von 8,07 m, einer Breite von 2,02 m und einer größten Höhe von 3,51 m sowie einem Eisenballast von 20 Tonnen eine Verdrängung von 27,5 Tonnen über Wasser. Um das Boot zum Tauchen zu bringen, waren etwa 2,8 Kubikmeter Wasser notwendig. Weil Tauchzellen nicht eingebaut wurden, ließ man diese Wassermenge freiflutend in den Raum unter den Flurplatten laufen. Da bisher weder Konstruktionspläne noch Aufzeichnungen über die tatsächliche und endgültige Ausführung des »Brandtauchers« gefunden worden sind, bleibt die Nachwelt nur auf Mutmaßungen und Spekulationen angewiesen. Es ist aber ein Arbeits- und Briefbuch Wilhelm Bauers aus den Jahren 1852 bis 1854 erhalten geblieben [50]. Die darin enthaltenen Aufzeichnungen beginnen am 8. Januar 1852 und enden am 7. Februar 1854. Neben Entwürfen für Briefe und Patente enthält dieses Buch von Bauer selbstgefertigte Tabellen über »Gewichtsangaben für Schmiedeisen bei verschiedenen Dimensionen nach rheinischem Maß u. bayer. Gewicht. 1 Kubikfuß zu 435,23 b(ayer). Pfund, 1 Kubikzoll zu 0,25291 Pfund« für Platten, Winkel-Schienen, quadratische und zylindrische Stangen. [51] Auf zwei weiteren Seiten beschreibt Bauer die »Ausführung des Baues« eines Tauchbootes mit einer Gasmaschine, wie er es im Jahre 1852 plante. Da er seit dem

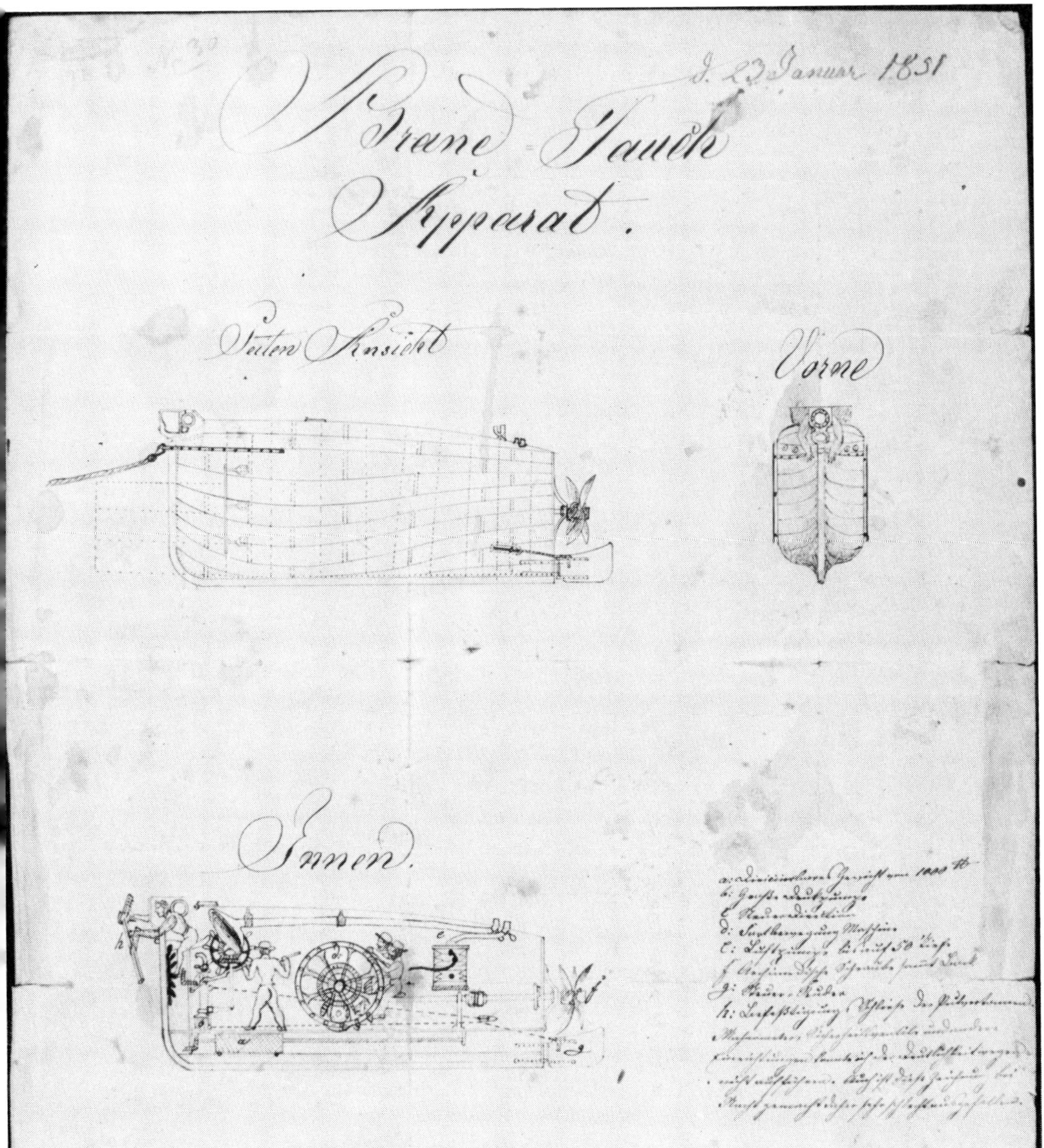

Bild 7: Seiten- und Vorderansicht sowie Längsschnitt des »Brandtauchers« aus Wilhelm Bauers Brief vom 23./24. Januar 1851 aus Kiel an seine Eltern in München.

»Brandtaucher« in Kiel kein weiteres Boot gebaut hat, darf mit großer Sicherheit angenommen werden, daß er bei diesem Projekt auf seine Kieler Erfahrungen zurückgegriffen hat. Deshalb sollen seine Ausführungen wörtlich, aber zum besseren Verständnis mit einigen Anpassungen an die heutige Schreibweise und mit den entsprechenden Erläuterungen, wiedergegeben werden:

»Ausführung des Baues.«

»Zuerst müssen folgende Vorarbeiten begonnen werden.

1^{tens} eine große Platte von Holz von 12' Höhe, 11' Breite, 1" dick zum Ziehen der Rippen. (*3,77 x 3,45 m, 2,6 cm zum Biegen der Spanten*)

2^{tens} müssen 4-6 Zimmerleute die Chablongs (*Schablonen für die Spanten*) nach der Zeichnung /: auf der Platte :/ machen.

3^{tens} muß ein Holzboden von der treffenden Größe ausgeführt und mit der Querschienenlage bezeichnet sein, wonach der eiserne Fundamentboden zusammengefügt und Radausschnitte, Schrauben u. Schmierbuchsen etc. an den treffenden Stellen gemacht werden.

4^{tens} müssen 4 Zeichner die Böcke, Cylinder (*Tauch- oder Ballast-Zylinder*), Achsen, Schrauben, Ventile, Stopfbüchsen, Gastrommeln etc. für Schmiede und Gußarbeiten sogleich in Angriff nehmen.

5^{tens} müssen gleich 3 Partien je 3 Mann provisorische Schrauben 2000 Stk angefertigt werden.

6^{tens} müssen 16 000 Nieten wovon ... große u. ... kleine sind.

7^{tens} wird der ganze Bau mit den Chablongs aufgestellt und geschmiegt.

Haupt Arbeiten.

1^{tens} wird der laufende Kiel durch 8 Mann gebogen und im Glühofen gewärmt und provisorisch zusammengeschraubt.

2^{tens} Vorder und Hintersteven aufgerichtet und seitwärts verankert.

3^{tens} Die Rippen von Winkeleisen nach den Chablongs in fünf Partien gebogen, a: 3 Mann, aber mit ungleichem Stoß.

4^{tens} Die hinteren Schwungkiele auf gleiche Weise gebogen und provisorisch in die Rippen geschraubt.

5^{tens} Nachdem der Rippenbau (*Spantenbau*) vollendet ist, werden sämtliche Theile vernietet, aber mit verband Platten oder Schienen.

6^{tens} beginnt der Wandbau (*Außenhaut bzw. Druckkörper*) von unten auf, durch die Rippenschmiede und weitere zwei Partien a: 5 Mann provisorisch verschraubt.

7^{tens} zu gleicher Zeit werden die Gewichtsdirectionsträger (*Träger für das Direktions- oder Trimmgewicht*) und Querschienen eingepaßt, das Gewicht mit Schraube und Böcke eingebaut.

8^{tens} der aussen zusammengefügte Fußboden eingelegt und genietet.

9^{tens} die Cylinderhüllen befestiget und mit dem Boden verbunden.

10^{tens} Die Pumpenprausen im Kiel befestigt und cumunicierent gemacht.

11^{tens} Die Abtrittröhren eingesetzt und befestigt.

12^{tens} Der hintere Hochboden eingelegt und der Kanalschluß beendet.

13^{tens} Die Übersetzung der GewichtsDirecktion mit Lager einsetzen.

14^{tens} Die Modelleure u. Gießer machen während obiger Zeit.
a: an die Wand 1 Manometer für 300 Fuß, 1 Stk für 150',
1 großes SicherheitsVentil für 10 Athmosphären Scala,

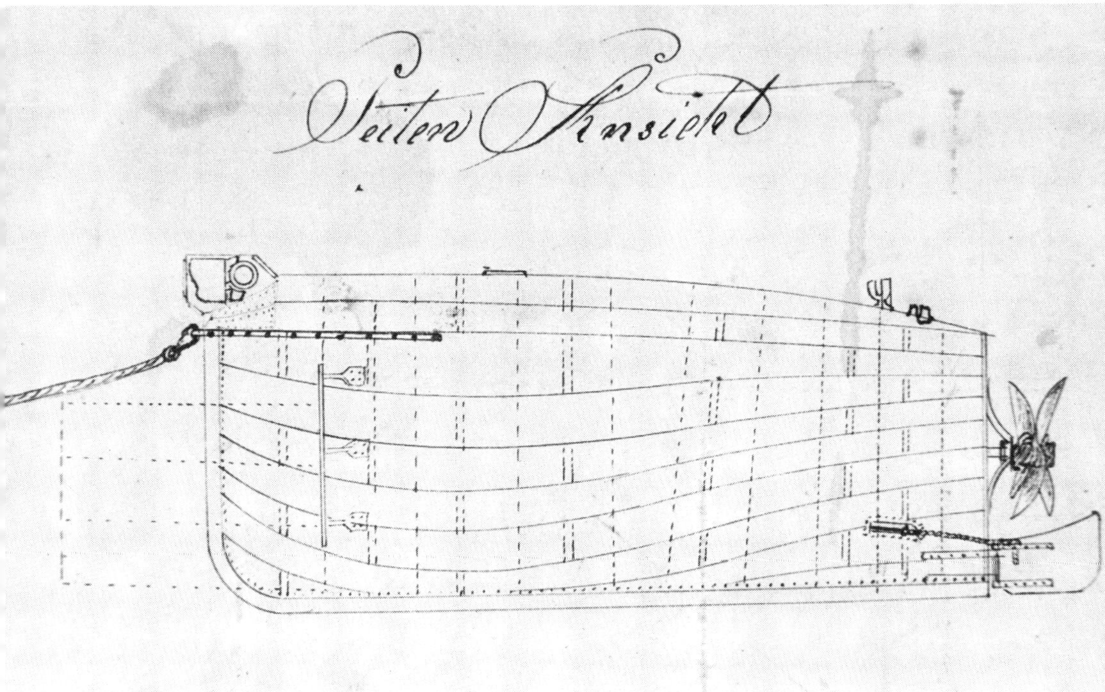

Bild 8: Seitenansicht des »Brandtauchers«.

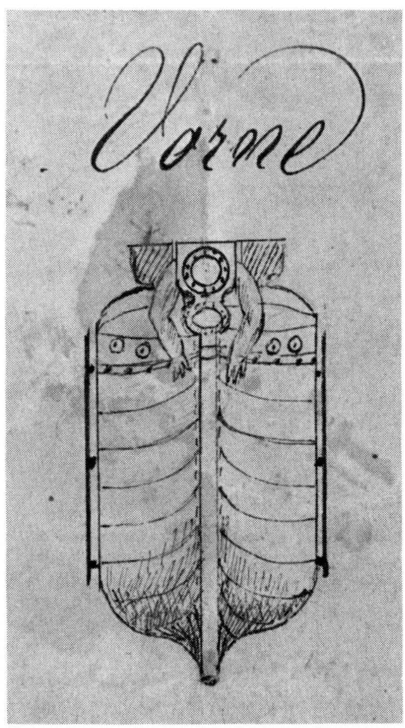

Bild 9: Vorderansicht des »Brandtauchers«.

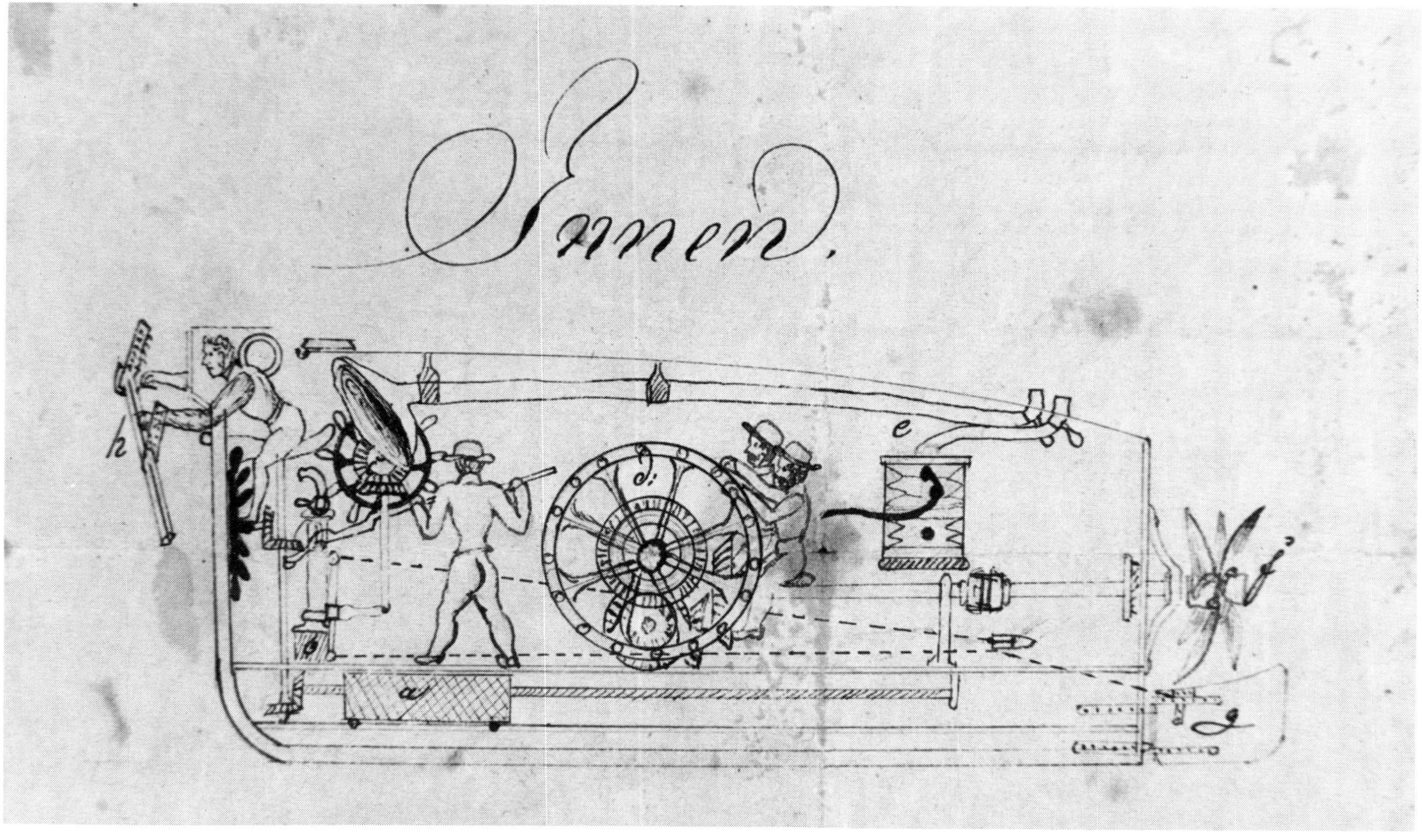

Bild 10: Längsschnitt durch den »Brandtaucher«.

2 kleine SicherheitsVentil für 5 Athmosphären Scala,
4 kleine SicherheitsVentil für 5 Athmosphären Scala in die Gasmaschine.
4 große Wasserhähne mit 3" D(=Durchmesser) Loch,
6 große Rohrkuplungen, die Kuplungen der Schraubenachse und Maschin-Achsen.
Die sämtlichen conischen u. cylindrischen Räder, Böcke und Lager.
1 großen Quadranten, 1 Senknadel mit Scheibe,
1 Wasserbecken mit Schwimmer u. Nadel. (*Zur Lufterneuerung*)
Die Ventile für Schwimmer und Schläuche.
2 Luftschlauch Hahne und Flanschen an die Lufttrommel.
14 große und 2 kleine Fensterrahmen.
2 Ausgangsklappen. (*Luken*)
3 große Cylinder (= 2 Tauchzellen, 1 Regelzelle) und deren Schraubenmuttern.
Stopfbüchsen für 1 archimedische Schrauben, 1 für Steuerung, 6 für Batterie Draht, 4 für Steuerschieber, 1 für Bohrachse, 6 für Auswerf-Ballast.

15^{tens} Die Schmiede machen dann die Gascylinder und Trommeln, setzen selbe auf Fußrost, verbinden selbe mit dem Boden der Wand.
16^{tens} Fertigen eine Lufttrommel mit Getriebe an.
17^{tens} Machen eine Luftpumpe mit Hebel.
18^{tens} über der Gasmaschine den Fänger mit Ableitrohr etc.
19^{tens} Den Sitz des Führer mit Kasten.
20^{tens} Hinter der Gasmaschine eine Schlosser-Ausrüstung mit Werkzeug.
21^{tens} Präparatekasten, Proviant und Küchenkasten.
22^{tens} Haken für Hängematten, Kleiderrahmen
23^{tens} Wasserfaß und Gefrierkasten
24^{tens} Armrahmen mit Handschuhen verschraubt. Trommeln.«

Dieser etwa im Jahre 1852 projektierte »Apparat« sollte 40 Fuß lang, das sind nach dem rheinischen Fußmaß 12,56 m, 12 Fuß hoch (3,77 m) und 11 Fuß breit (3,45 m) und von einer Gasmaschine mit einer Leistung von 96 »Pferdekräften« angetrieben werden. Für den Druckkörper sah Bauer in diesem Falle eine Plattenstärke von einem halben Zoll vor, das sind metrisch 1,31 cm. Der Abstand der Spanten sollte einen Fuß, also 0,314 m betragen. Aus dieser Zusammenstellung der notwendigen Arbeiten, des Personal- und Materialbedarfs, in der selbst nebensächliche Ausrüstungsteile enthalten sind, die aber für das Befinden der Mannschaft des Tauchbootes sehr wichtig waren, erkennt man die Sorgfalt und die ingenieurmäßige Arbeit Bauers, mit der er seine Projekte plante und durchführte. Über die beim Bau des »Brandtauchers« in Kiel verwendeten Materialien sind nur Mutmaßungen möglich. Nach den Akten der Maschinenfabrik von Schweffel & Howaldt wurden dort Roheisen, Platten und Winkel aus Schweden, England, aber auch aus den deutschen Ländern bezogen.

Nach den Untersuchungen von Bethge [52] waren einige Bauteile des »Brandtauchers« für die von Bauer am 1. Februar 1851 angestrebte Tiefe seines Tauchversuchs: »bis in die Tiefe eines Atmosphärendrucks«, also bis etwa 10 Meter über der Unterkante Kiel des Bootes, zu schwach dimensioniert. Hinzu kommt, daß der Körper des Bootes, um für die statische Belastung als Tauchboot geeignet zu sein, durch seinen fast rechteckigen Querschnitt sehr ungünstig gestaltet war. Ein kreisförmiger oder zumindest runder Querschnitt, wie er von Bauer bei späteren Konstruktionen verwendet wurde, wäre wesentlich besser geeignet gewesen. Doch wer besaß damals schon, als die Industrie und die Technik noch in ihren Anfängen steckte, Erfahrungen für den Bau von Unterwasser-Fahrzeugen? Denn zu dieser Zeit verwies man derartige Ideen in das Reich der kühnen Phantasien und bezeichnete sie als Hirngespinste. Und so mancher Erfinder konnte froh sein, wenn man ihn nur als ein wenig verrückt ansah.

Nach einem Aufenthalt in dem rekonstruierten »Brandtaucher« entsteht unweigerlich der Eindruck, daß ein richtiger Betrieb des Bootes nur mit einer Besatzung von mindestens fünf Mann möglich gewesen wäre, deren Verteilung und Aufgaben etwa hätte sein können: Bauer als Bootsführer und Kommandant auf dem Sitz zur Beobachtung durch die Bulleyes und zur Tiefensteuerung mit der Trimmeinrichtung, von ihm »Direktionsgewicht« genannt, das er offensichtlich mit den Füßen bedienen wollte. Zum Anbringen der Petarde am Kiel des feindlichen Schiffes wollte er beide Arme benutzen, die dazu in Guttapercha-Handschuhärmeln steckten. Zwei Männer sollten an den Treträdern das Boot in Fahrt bringen. Ein vierter Mann mußte das Ruder und die vordere Pumpe bedienen sowie die notwendige Umschaltung des Triebwerks besorgen, während der fünfte Mann an der hinteren Lenzpumpe stand, die Lufterneuerungs-Anlage betätigte und als Ablösung für das Tretrad bereitstand. Für diesen Zweck wären wahrscheinlich noch zwei weitere Männer erforderlich gewesen, denn länger als zehn Minuten oder eine Viertelstunde konnten die Männer beim Einsatz aller ihrer Kräfte nicht arbeiten. Doch das hätte der begrenzte Raum des »Brandtauchers« kaum zugelassen. Ein Personalwechsel während des vollen Betriebs des Bootes von vorn nach achtern oder umgekehrt war nicht möglich.

Nachdem zu Lande alle militärischen Unternehmungen fehlgeschlagen waren, glaubten nun die Schleswig-Holsteiner mit einer neuen, furchtbaren Waffe die gefürchtete dänische Flotte schlagen und das bisherige Ergebnis des Krieges noch korrigieren zu können.

Bild 12: Die Rettung aus dem gesunkenen »Brandtaucher«. Kolorierte Skizze des ► Aussteigens von Witt, Bauer und Thomsen aus dem gesunkenen »Brandtaucher« am 1. Februar 1851.

Bild 11: Witt, Bauer und Thomsen verlassen mit der Luftblase den am 1. Februar 1851 im Kieler Hafen gesunkenen »Brand-Tauch-Apparat«.

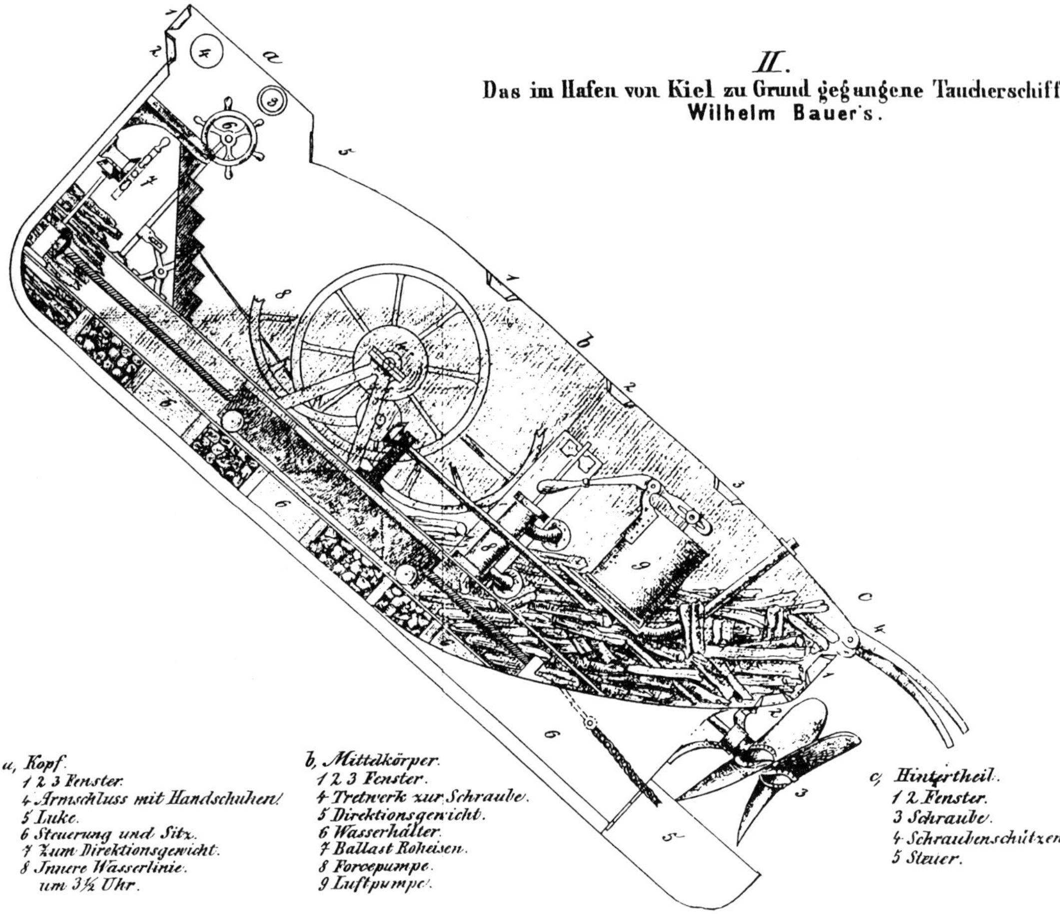

Bild 13: Längsschnitt durch den im Kieler Hafen am 1. Februar 1851 gesunkenen »Brandtaucher« nach Hauff.

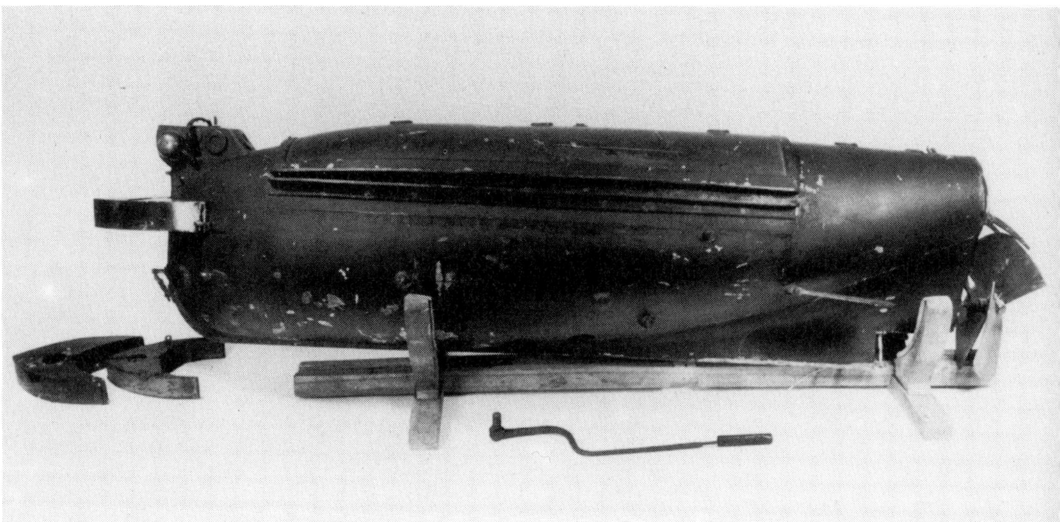

Bild 14: Demonstrationsmodell eines Tauchbootes von Wilhelm Bauer aus dem Jahre 1853.

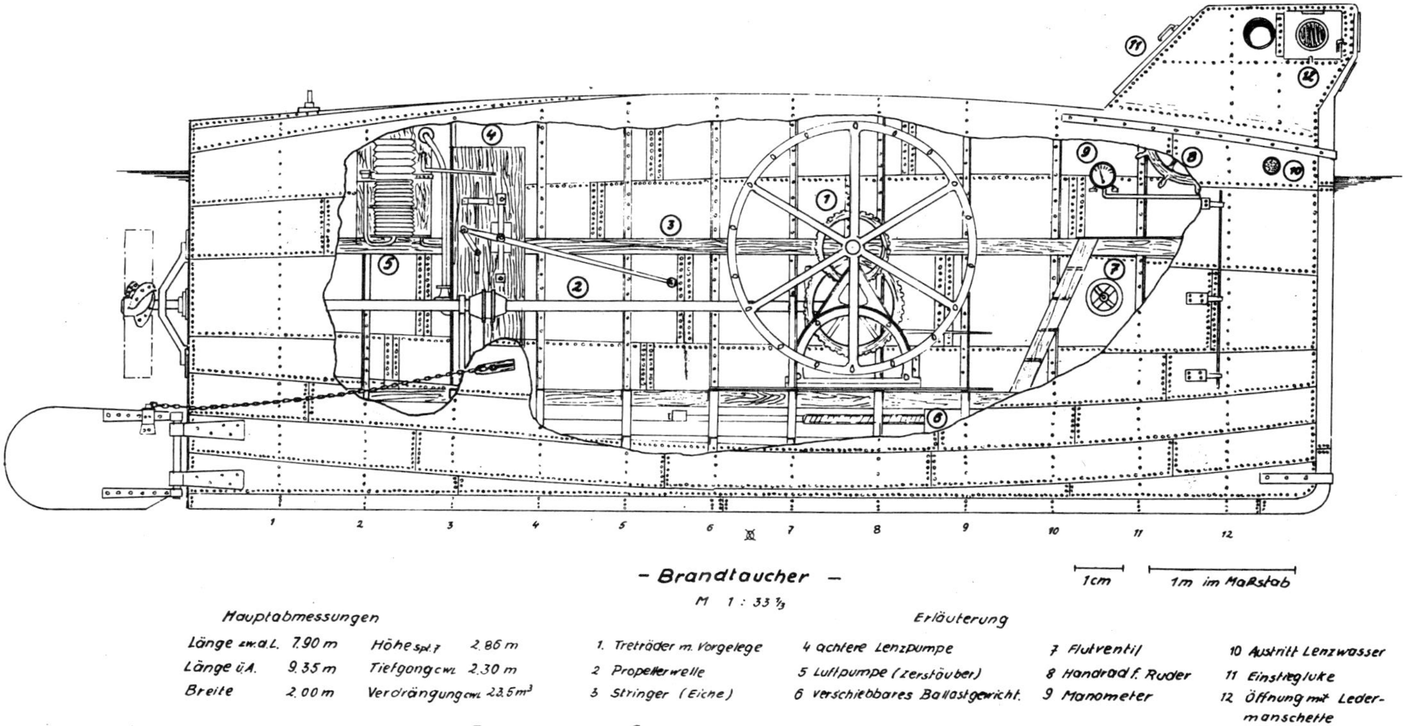

Bild 15: Der »Brandtaucher« von Wilhelm Bauer 1850/51 nach H.-G. Bethge.

Bild 16a: Der »Brandtaucher«. Modell von H.-J. Lawrenz, Kiel, aus dem Jahre 1967. Innenansicht.

Bild 16b: Der »Brandtaucher«. Modell von H.-J. Lawrenz, Kiel, aus dem Jahre 1967. Ansicht der Backbord-Außenseite.

Bild 17: Schweffel & Howaldt in Kiel. In der Maschinenfabrik auf der Rosenwiese am Eisenbahndamm wurde der »Brandtaucher« erbaut.

Der »Brandtaucher« wird zu Wasser gebracht

Am 18. Dezember 1850 wurde das Tauchboot aus der Halle der Kesselschmiede an der Rosenwiese gezogen. (Heute befindet sich dort am Eisenbahndamm der Neubau der Oberpostdirektion Kiel, an dem sich seit Juni 1989 wieder eine Gedenktafel befindet, die an dieses Ereignis erinnert.)

Der Sohn des Kieler Hafenmeisters, Leutnant 2. Klasse Jürgen Franz Heesch, der Maschinen-Aspirant Jacob Peter Theodor Heesch, der zur Besatzung des Kriegsdampfschiffes »Löwe« gehörte [53], hat über seine Erlebnisse ein Tagebuch geführt [54]. Aus seinem Bericht als Augenzeuge ist folgendes über den »Stapellauf« des »Brandtauchers« zu erfahren. Jedoch kann man das »Zuwasserbringen« des Bootes, seiner Eigenarten wegen, kaum als Stapellauf bezeichnen:

Kiel, den 18. Dezember 1850

»Die Mannschaft unseres Schiffes wurde kommandirt, den in der Kesselschmiede von Schweffel & Howaldt erbauten ›Brandtaucher‹ zu Wasser zu bringen. Auf Gleitbahnen aus der Fabrik auf den Eisenbahndamm gezogen, wurde der Apparat vermittelst eines großen, hart an der Quaimauer aufgestellten Baues unter Leitung von Bauer in Gegenwart einer zahllosen Menschenmenge seinem Element übergeben. Noch ohne Ballast, ragte der ›Brandtaucher‹ einige Fuß aus dem Wasser hervor und bot mit dem gewölbten Rücken und dem mit Ochsenaugen versehenen eigenartig geformten Kopf die Erscheinung eines echten Seeungeheuers. Es ist derselbe die erste Erfindung dieser Art für den unterseeischen Krieg, welche in unserem Schleswig-Holstein zur praktischen Ausführung gekommen ist, um durch Anbringung eines Branders unter dem Kiel des feindlichen Blockadeschiffes und Entzündung durch Electricität von dem Taucher aus den schwimmenden Feind in die Luft zu sprengen. Mit Spannung sieht man dem Erfolg dieser Erfindung entgegen. Abends war fidele Bierkneipe, woselbst Bauer in sehr eifriger Diskussion gegen Kieler Professoren das Princip seines Apparates und namentlich die Fähigkeit desselben sich unter Wasser in horizontaler Lage fortzubewegen, glänzend vertheidigte.« [55]

Nach seinen »Erinnerungen« will Bauer noch am gleichen Abend um 8 Uhr eine erste Probefahrt unternommen haben. Er berichtete: »Mit Ingenieur Hösch (*Heesch*), Proviantmeister Wiedemann und meinen beiden Matrosen Thomsen und Witt begab ich mich in den Apparat und obgleich in der Bucht ziemlich viel Treibeis war, so fuhren wir doch bei schönen mondhellen Licht zu dem auf Pickett in See stehenden Dampfer ›Bonin‹, wobei wir um das Dampfschiff selbst herumfuhren und so die wirkliche Fortbewegungsgeschwindigkeit, Steuerbarkeit mit und ohne Observation trotz der mangelhaften Ausrüstung in bester Weise bestätigen konnten. Abends um 11 Uhr fuhren wir wieder zurück nach Kiel und erfuhren bei unserer Ankunft sofort von verschiedenen Bürgern, daß bereits durch Spione unsere nächtliche Fahrt bemerkt und den Dänen signalisiert worden war und wie ich mich selbst überzeugen konnte, sah man die Dänen Friedrichsort verlassen und weiter in die See hinausfahren«.

Nach der Untersuchung von H.-G. Bethge war der »Brandtaucher«, der einen nahezu rechteckigen Querschnitt von 2,80 m Höhe und 2 m Breite hatte, ohne Ballast nicht schwimmfähig. [56] Mehr als 6.500 Kilogramm Ballast waren notwendig, um das Boot aufrecht schwimmen zu lassen. Wie Heesch in seinem Tagebuch berichtet, wurde der »Brandtaucher« ohne Ballast zu Wasser gebracht. Um dem Boot einen definierten Schwerpunkt zu geben, wurden Mengen von Roheisen-Stangen in seinem Inneren verstaut. Die Übernahme von 6,5 Tonnen Ballast dürfte wahrscheinlich mehrere Tage in Anspruch genommen haben. So erscheint es als ziemlich unwahrscheinlich, daß Bauer noch am gleichen Abend eine Probefahrt in der Kieler Förde unternommen hat. Auch wird das Treibeis, von dem er berichtet, kaum vorhanden gewesen sein. Die Wetterberichte der damaligen Zeit erwähnen ein für die Jahreszeit eher zu mildes und nebliges Wetter. Nach den meteorologischen Beobachtungen des physikalischen Instituts des Universität Kiel lagen die Temperaturen an diesem Mittwoch, den 18. Dezember 1850, etwa zwischen + 3 °C am Tage und − 1 °C in der Nacht, der Wind wehte von Westen und das Barometer fiel langsam. [57]

Bauer berichtet weiter in seinen »Erinnerungen« von Experimenten und Fahrten, soweit es die Temperaturverhältnisse zuließen, und von einem recht eigenartigen Vorfall, dessen Zeitpunkt sich nicht genau bestimmen läßt, den er aber als einen Eingriff von fremder Hand, also als eine Art von Sabotage bezeichnete. Nach seinen Aufzeichnungen erhielt er eines Morgens von seinen beiden Gehilfen Witt und Thomsen die Meldung, daß der »Brandtaucher«, der auf Befehl der Marine-Kommission am Kriegsdampfschiff »Bonin« festgemacht war, langsam vollaufe und zu sinken drohe. Bauer eilte mit den beiden Männern zum Schiff und vermutete sofort, »daß der Schaden durch irgend jemand durch Aufmachen eines Hahnes erzeugt worden sein mußte«. Nachdem sich die Besatzung der »Bonin«, aber vor allem dessen 1. Offizier, der Lieutenant Andresen, wenig kooperativ zeigte und sich außerstande sah, Hilfe zu leisten, kam der Kommandant des Schiffes, der Lieutenant Schau hinzu. Kaum an Deck, befahl er die Leinen zum »Brandtaucher« zu kappen, da er Gefahr für sein Schiff befürchtete. Der »Brandtaucher« sank in eine Tiefe von 27 Fuß, das sind etwa 7,80 m.

Nach Bauers Beschwerde beim Generalkommando und beim Baukomitee erhielt die Marine-Kommission den Befehl »den Apparat auf seine Kosten und durch seine Leitung wieder aufzuheben und in brauchbaren Zustand zu setzen«. Nach sechzehn Tagen schwamm der Apparat wieder und war betriebsbereit.

Wahrscheinlich ist der Zeitpunkt für diese Ereignisse in der Mitte des Monats Januar 1851 zu suchen, denn Bauer plante nach seinen Angaben unmittelbar nach der Instandsetzung »ein größeres Experiment über das ›Tieffahren‹ anzustellen«. Nun war in diesen Wochen, seit dem »Stapellauf« des »Brandtauchers«, der eigentlich gar keiner war, die politische Lage in Schleswig-

Holstein immer kritischer geworden. Am 2. Januar 1851 kamen die Kommissare des Deutschen Bundes, der kgl. preußische Generalmajor von Thümen und der k.k. österreichische Generalmajor Graf Mensdorf-Pouilly, in Hamburg an und trafen am 9. Januar in Kiel ein. Sie überreichten den Statthaltern ihre Vollmachten und die Forderungen des Deutschen Bundes nach sofortiger Einstellung der Feindseligkeiten, den Rückzug sämtlicher Truppen hinter die Eider und die Reduzierung der Armee auf ein Drittel. Weiterhin sollte die Landesversammlung aufgelöst und alle angeordneten Maßnahmen zur Fortsetzung des Krieges sofort eingestellt werden. [58]

Am 11. Januar 1851 unterwarf sich die schleswig-holsteinische Landesversammlung in Kiel diesen Bedingungen, die den Herzogtümern durch die Beschlüsse der Punktation von Olmütz am 28./29. November 1850 auferlegt wurden. Schon vor dem 11. Januar waren die Feindseligkeiten eingestellt worden, und in den Tagen vom 17. bis 21. Januar begannen die Rückmärsche. [59] Am 27. Januar 1851 war die schleswig-holsteinische Armee auf ein Drittel reduziert. [60] Am Abend des 1. Februar 1851 übergab die Statthalterschaft unter Graf Reventlou im Kieler Schloß die ihr von der deutschen Reichsverweserschaft anvertrauten Befugnisse an die Bevollmächtigten des Deutschen Bundes. Damit trat die bisherige Regierung des Landes zurück. Gleichzeitig erfolgte die Entlassung der Departementschefs für die auswärtigen Angelegenheiten und der Finanzen, der Justiz, der geistlichen und Unterrichts-Angelegenheiten, des Innern und des Kriegswesens. Im Namen des Landesherren, also des Königs von Dänemark, und im Auftrage des Deutschen Bundes, wurde am 2. Februar 1851 eine oberste Zivilbehörde eingesetzt. [61] Damit war die schleswig-holsteinische Erhebung gegen Dänemark, die am 24. März 1848 begonnen hatte, gescheitert und hatte ihr Ende gefunden. Eine einjährige Besetzung der Herzogtümer durch die preußischen und österreichischen Truppen des Deutschen Bundes begann. Danach wurde das Land wieder der dänischen Krone unterstellt.

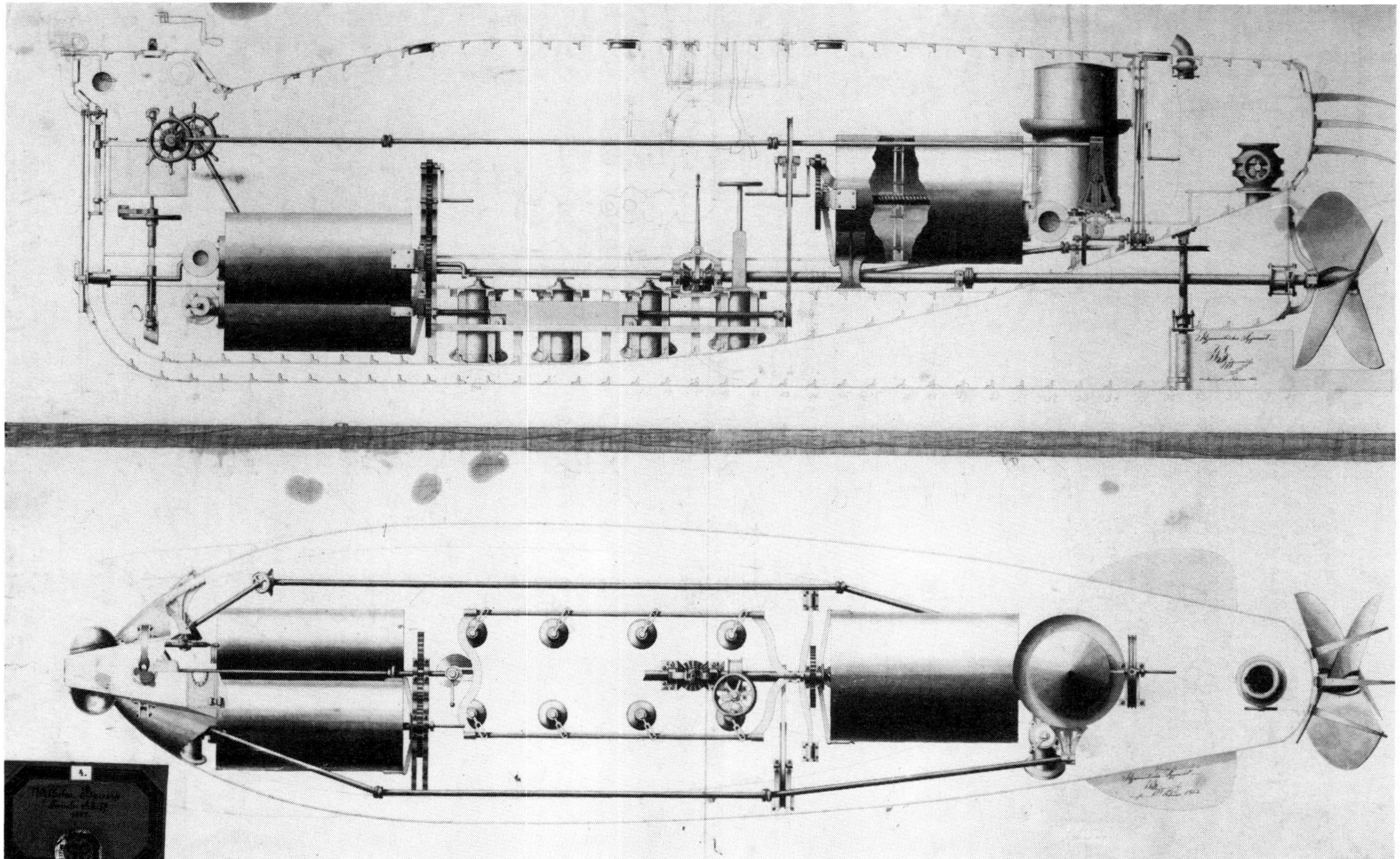

Bild 18: Hyponautischer Apparat vom 12. Februar 1853 von Wilhelm Bauer, Hyponaut.

Der erste Tauchversuch — 1. Februar 1851

In dieser kritischen Situation, denn alle Kampfhandlungen waren eingestellt und es herrschte der Zustand eines Waffenstillstandes, ging Wilhelm Bauer am 1. Februar 1851, an einem Sonnabendmorgen gegen 9 Uhr, mit dem Zimmermann Witt und dem Schmied Thomsen an Bord seines Brand-Tauch-Apparates. [62] Die Männer stiegen durch das Luk am Kopf des Bootes und schlossen es. Sie setzten das Boot in Bewegung und steuerten den »Brandtaucher« an die »tiefste Stelle des Hafens«. Die Temperatur der Luft bewegte sich an diesem Tage in Kiel zwischen − 0,1 °C und + 3,9 °C, das Barometer stieg und der Wind wehte von Land her aus dem Süden und drehte am Nachmittag langsam nach Süd-Süd-Osten. [63] Mit einiger Sicherheit darf angenommen werden, daß die Fahrt von der Schleswig-Holsteinischen Werft in Ellerbek [64] aus erfolgte. Es war der erste richtige Tauchversuch mit dem »Brandtaucher«, der nun begann. Bauer wollte »zur Prüfung des beliebigen Sinkens und Steigens von Fuß zu Fuß fortschreitend bis in die Tiefe eines Atmosphärendrucks«, also langsam auf ebenem Kiel eine Tauchtiefe von zehn Metern erreichen. Da das Boot nicht über Tauchzellen oder Ballasttanks verfügte, die ursprünglich vorgesehenen Tauchzylinder waren aus Mangel an Geld nicht eingebaut worden, ließ er das Wasser freiflutend in den Kielraum laufen, um so den Restauftrieb zu beseitigen und das Boot zum Tauchen zu bringen.

Nun muß bei einem getauchten Unterseeboot nach dem Archimedischen Prinzip, das gesamte Volumen des Bootes multipliziert mit dem spezifischen Gewicht des Seewassers gleich dem Gesamtgewicht des Bootes sein. Das bedeutet, der Auftrieb des Bootes ist gleich dem Untertrieb. So ist ein getauchtes und eingesteuertes Unterseeboot, gleich welcher Größe, demnach unter Wasser praktisch gewichtslos. Hinzu kommt, daß die Stabilitätsverhältnisse der Unterwasserfahrzeuge sich wesentlich von denen der an der Wasseroberfläche fahrenden Schiffe unterscheiden. Da dem getauchten Unterseeboot die große Schwimmfläche fehlt, ist die Längs- und Querstabilität sehr klein. Es ist gegenüber trimmenden Momenten sehr empfindlich, so daß bereits die Verschiebung relativ kleiner Gewichte zu erheblichen Änderungen in der Vor- oder Achterlastigkeit führt. Freie Wassermengen oder Wasseroberflächen sind bei allen U-Bootfahrern sehr gefürchtet. Das Wasser sammelt sich an der am tiefsten liegenden Stelle des Bootes und vergrößert so die Lastigkeit immer mehr. Deshalb war es Bauer und seinen beiden Gehilfen bereits bei Beginn des ersten Tauchmanövers nicht mehr möglich, das Boot auf ebenen Kiel zu bringen. Über den Verlauf dieses ersten Tauchversuchs mit dem »Brandtaucher«, der für Bauer und seine beiden Gefährten Witt und Thomsen beinahe mit dem fast sicheren Tode geendet

Bild 19: Der »Brandtaucher« wird am 18. Dezember 1850 aus der Maschinenfabrik von Schweffel & Howaldt in Kiel auf der Rosenwiese am Eisenbahndamm zu Wasser gebracht.

Bild 20: Gedenktafel in Kiel am Neubau der Oberpostdirektion am Eisenbahndamm.

hätte, hat Bauer unmittelbar nach dem Ereignis einen ausführlichen, elf Seiten langen, schriftlichen Bericht verfaßt.

Die Kosten für die Erbauung des »Brandtauchers« beliefen sich nach den Forderungen der Fabrikanten Schweffel und Howaldt für Lieferung und Arbeiten auf 8056 Mark Courant, 12 Schillinge, umgerechnet wären das heute etwa 118.200 DM. Davon waren aus der Staatskasse 3000 Mark Courant bereitgestellt, während die Subskription nur etwa 2100 Mark Courant erbrachte. [65] Der Kaufmann Johann Schweffel, der Mitinhaber der Maschinenfabrik Schweffel & Howaldt, schrieb darüber am 29. Januar 1851 einen Brief an seinen Sohn Johannes, der als Artillerie-Unteroffizier in Rendsburg bei dem Maler Baland einquartiert war [66]:

»Es ist recht ärgerlich, daß Du noch immer dort zurückgehalten bleibst, inzwischen müssen wir uns in Geduld finden und hoffen daß die Stunde Deiner Erlösung bald schlagen möge.

Das Ingenieur Corps hat noch nicht gezahlt, und möchte es daher nicht übel seyn wenn Du noch einmahl erinnern wolltest.

Ich habe mir in diesen Tagen viel Mühe gegeben die Angelegenheit mit dem Brandtaucher in Ordnung zu bringen, es hat mir aber nicht gelingen wollen, ich habe alles in Bewegung gesetzt, den Professor Christiansen, Lieut. Neegaard der hier ist, Doctor Bodemann als gute Freund von Krohn, ich habe an Francke und Krohn geschrieben bin bei Ihnen persönlich gewesen habe auch heute dem Statthalter Graf Reventlou meine Aufwartung gemacht aber weiter nichts erlangt als die Zusage, daß die der Subscriptions-Commission bewilligte Summe von [Mark Courant] 3000,— zu unserer Verfügung stände, darauf bin ich vorläufig nicht eingegangen, weil reichlich [Mark Courant] 8000,— zu decken sind.

Howaldt hatte zur Zeit der Eingabe, als die Herren auf 3000 [Mark Courant] antrugen, das Dingen auf [Mark Courant] 7000,— taxiert, wie sie nun bei gemachter Auszahlung von nur [Mark Courant] 1900,— nur [Mark Courant] 3000,— beanspruchten, ist mir unerklärlich; ich glaube, wenn wir statt der 8000,— [Mark Courant] — [Mark Courant] 5100,— bekämen u. Maschine mit Roheisenwerth [Mark Courant] 1900,— so müßten wir uns darein finden die übrigen circa [Mark Courant] 1000,— ans Bein zu binden; ich mache mir Hoffnung, daß dieser Plan noch zu erreichen seyn möchte.

Die Commissaire sind noch nicht hier, es soll mit dem Ministerium habern.«

Aus den Zeilen dieses Briefes ist die verzweifelte Situation, die damals in Kiel und im Lande herrschte, zu erkennen. Deutet man die Worte Johann Schweffels richtig, so scheint Ende Januar 1851 kein Versuch mehr mit dem »Brandtaucher« geplant gewesen zu sein. Vielleicht dachte man auch bereits an eine Verschrottung des Bootes.

Am 15. Februar 1851 fand abends um 19 Uhr eine Sitzung statt, die von der Schleswig-Holsteinischen Marine-Kommission am 12. Februar 1851 einberufen worden war. [67] Diese Konferenz war notwendig, um die Vorgänge um den »Brandtaucher« abschließend zu klären und um eine protokollarische Vernehmung über dessen Untergang vorzunehmen. Vor allem aber um über die durch die Subskription gesammelten Spenden und die vom Departement des Krieges bereitgestellten Geldmittel zu verfügen sowie die Übergabe des »Brandtauchers« an die Schleswig-Holsteinische Marine durchzuführen.

Das Original des Protokolls der Sitzung vom 15. Februar 1851 befindet sich im Reichsarchiv Kopenhagen. [68] Außerdem existieren einige beglaubigte Abschriften aus der damaligen Zeit [69], die jedoch in einigen Einzelheiten vom Original abweichen. Daher soll das Original des Protokolls in seinem Wortlaut mit den notwendigen Anmerkungen wiedergegeben werden, weil es, neben dem Bericht Bauers, über die Vorgänge bei dem Tauchversuch vom 1. Februar 1851, auch seine Erklärung der näheren Umstände, die zu seiner Erfindung des Unterseebootes führten, enthält und aus ihm wichtige Schlußfolgerungen für das Versagen des »Brandtauchers« abgeleitet werden können.

»Geschehen Kiel im Marine-Bureau,
den 15t Februar 1851

Gegenwärtig die Mitglieder der Marine-Commission,
die Herren Obristlieutenant v. Jess und Lor. Karberg,
die Mitglieder des Committee für
Erbauung des Brandtaucher-Apparats,
die Herren Prof. J. Christiansen, Hauptmann v. Feldmann und
Hauptmann v. Grunewald
und der Unterofficier 1tKl. bei der Sch. Holst. Artillerie Wilhelm Bauer,aus München,
Marine-Auditeur Christiansen als Protokollführer.

In Folge des Schreibens des Departements des Krieges vom 10t November 1850 und vom 31t Januar 1851 an die Marine-Commission betr. Uebernahme des von dem Unterofficier Bauer verfertigten sog. Brandtaucherapparats, war eine Sitzung der genannten Herren angesetzt, als es der Marine-Commission bekannt geworden, daß der Brandtaucherapparat bei einem damit angestellten Versuch versunken sei, wodurch die Uebergabe desselben zur Zeit unmöglich geworden, so bat die Marine-Commission die genannten Mitglieder des Committee zur Erbauung des Brandtaucherapparats um Aufschluß über die Gründe und die Umstände, unter denen der Apparat versunken, indem sie vor Auszahlung des von dem Departement des Krieges bewilligten Geldes eine Urkunde über jene Umstände, weshalb die Ablieferung des Apparats nicht geschehen könne, glaubte besitzen zu müssen. Die Mitglieder des Committee z. Erb. des Brandapp. bemerkten hierauf, es sei mit ihrer Bewilligung am 1t Februar d. J. von dem Unterofficier Bauer ein Versuch gemacht worden, wie dergleichen überhaupt im Auftrage des Committee, so oft die Witterung und die Umstände es zugelassen, seit dem 18ten Decbr. vor. J. vorgenommen seien.

Hierauf erklärte Herr Bauer, über die näheren Umstände des Unterganges des Apparates befragt, er habe dieselben schriftlich ganz detailliert aufgezeichnet und gebe diesen Aufsatz zu den Akten (sub NB) nachdem er denselben verlesen. Die Marine-Commission erklärte sich mit darin enthaltenen Aufschlüssen zufrieden, den Apparat, soweit es den Umständen nach möglich, in Empfang genommen zu haben, sowie endlich die von der Landesregierung bewilligten Gelder an Betreffende zu zahlen. Schließlich erklärte das Committee zur Erbaug. des Brandapp., der Marine-Commission baldmöglichst die Subskriptionslisten für die freiwilligen Beiträge zur

Anfertigung des Brandtauchers überliefern zu wollen, damit dieselbe mit den freiwilligen Beiträgen nach Massgabe des Schreibens des Departements des Krieges vom 31t Januar d. J. verfahren könne.

V.G.

Womit geschlossen.

(gez.) Jess Lor. Karberg
Feldmann Grunwald J. Christiansen

Wilhelm Bauer Untof

Zur Beglaubigung

(gez.) F. Christiansen
Marine-Auditeur«

Diesem Protokoll wurde der folgende, von Bauer verfaßte und geschriebene Bericht »sub NB« beigefügt.

»Die Erfindung und Erbauung des Brand-Tauch-Apparates
von W. Bauer, Unteroffizier
Als Unteroffizier in der 10ten baierischen 6pfder Feldbatterie, kam mir während des Treffens bei Düppel, den 13ten April 1849, der Wunsch, die Sonderburger Brücke zu sprengen, um dadurch die diesseits stehenden Dänen abzuschneiden und zugleich zu einem unfreiwilligen Deckungsmittel für die heftig beschossene sächsische Brigade zu machen. Da ich, im ersten Momente ohne Boot und Sprengmaterialien, diese Idee nicht verwirklichen, auch keine Erlaubniss hiezu erhalten konnte, so gieng dieselbe in das allgemeine Bestreben über, bei wieder vorkommenden ähnlichen Fällen möglichst ungesehen mich feindlichen Brücken oder Schiffen zu nähern, an dieselben Petarden oder Sprengladungen bis zu 500 Pfund Pulver in schwimmenden Hüllen zu befestigen und durch galvanische Batterien zu entzünden, wobei ich mich durch Schwimmen retten oder mit explodieren wollte.

Vorzüglich während der, in den jütländischen Cantonnements gegebenen Musse suchte ich die natürlichen Grundlagen der Bewegungsfreiheit eines Seehundes, als eines guten Modells zu obigem Zweck, zu ergründen, dann mit Hilfe meiner früheren Kenntnisse in Physick, Chemie und Mathematick einen nach jeder beliebigen Richtung in und unter das Niveau des Wassers bewegbaren Apparat zu construiren, und nach 5 Monaten Nachdenkens fühlte ich mich gedrungen, das Projekt von einer sachverständigen Commission prüfen zu lassen. Bei dem Mangel von Schiffs- und See-Kundigen in Baiern, wohin ich inzwischen zurückkehren musste, nahm ich meinen Abschied aus dortigem Aktivdienst, und trat am 29ten Januar 1850 in die hiesige Artillerie. Alsbald legte ich dem Kriegminister meine Zeichnungen mit der Bitte vor, sie untersuchen zu lassen,und nachdem mir zur Ausführung eines Modells 30 Thlr. Pr. bewilligt waren, wurde dasselbe auf Kriegsministerialbefehl zuerst von einer zahlreichen Marinecommission im Sinken, Steigen, Steuern, Vorwärtsfahren geprüft und darnach nebst meinem ganzen Plan einer gemischten technischen Commission zur genauen Begutachtung überwiesen. Dieselbe bestand aus dem Haupt:

Hauptmann der Artillerie Liebe,
Prof. der Chemie und Physik Karsten,

Marinechef Prlt. Kier,
Obermaschinen-Meister Diedrichsen,
Oberschiffsbau-Construkteur von Schirach,
Ober-Feuerwerkermeister Pirau,

und erklärte die Erfindung für praktisch ausführbar und unter günstigen Umständen mit Erfolg anwendbar. Da ich trotzdem zu meiner Batterie ohne Weiteres zurückversetzt ward, auch auf wiederholte Eingaben an das Kriegsdepartement, die Statthalterschaft usw. in dieser Angelegenheit keinen Bescheid erhielt, versuchte ich durch Privatsubscription die Mittel zu erlangen, um wenigstens durch einen aus Holz gebauten Apparat den Nutzen der Erfindung zunächst für den Fehmarschen Sund nachzuweisen, wurde auch in Stand gesetzt, den Bau zu beginnen, aber vom Commandeur der Ostsee-Strandbatterien davon abgehalten; darauf indessen auf mein Ansuchen vom Generalcommando zur Erbauung eines grösseren Apparates nach Rendsburg beurlaubt, wo sich die Herren Hauptmann Grunwald vom Generalstab, Hptm. Feldmann von der Artillerie, Hptm. v. Neergaard vom Ingenieurcorps und Professor Christiansen bereit fanden, an die Spitze der Subscription und der Leitung dieser Angelegenheit als Comité zu treten.

Der Bau des Apparates ward, und zwar zuerst in der Hollerschen Karlshütte vor Rendsburg, dann, weil dieselbe nicht genügte, in der Schweffel-Howald'schen Fabrik zu Kiel, möglichst genau nach den gutachtlichen Bemerkungen der technischen Commission ausgeführt. Dies mußte von dem Comité, das von vornherein die Absicht hatte, den Apparat nach seinem Gelingen dem Staate zu übergeben, und übereinstimmend mit mir aus dem Grunde geschehen, um im Falle des gänzlichen Fehlschlagens oder der theilweisen Nutzlosigkeit der Erfindung zwei Vorwürfe unmöglich zu machen, nämlich
1, den, daß sie nicht fehlgeschlagen sei, wenn sie nach den Bestimmungen des technischen Gutachtens vollführt wäre, oder
2tens den, dass sie dem Staate /:bei gleicher Beachtung:/ wenigstens mehr Nutzen geschaffen hätte.

Die beim Bau des Apparates besonders maßgebenden Bemerkungen der technischen Commission sind folgende:

1. ›Die Dimensionen der Seitenwände, Rippen des Kiels, des Steuers usw. sind durchgehends zu schwer und können ohne Nachtheil bedeutend leichter gebaut werden.‹

ad k: ›Es genügt eine einfache Wand aus etwa $^1/_4$ Zoll starken geschmiedeten Eisenplatten.‹

7. ›Zum Bau eines solchen Taucherfahrzeuges mit Berücksichtigung der angegebenen Aenderungen und einer äusserst sorgfältigen Arbeit, wie die Natur des Gegenstandes sie erfordert, sowie zur Ausführung der dazu gehörigen Versuche überhaupt, müssen die Kosten auf etwa 9000 bis 10.000 Mark veranschlagt werden.‹

Die Ausführung des Baues musste dabei leider sich auf das Nothdürftigste beschränken, weil die Geldsubscriptionen nicht in der erwarteten Menge und namentlich Schnelligkeit vor sich giengen, und der Staat selbst bei den für das Gelingen sich immer günstiger stellenden Aussichten nur zögernd und unvollkommen seine Beihilfe versprach, daneben aber von allen Seiten auf baldige Lieferung von, wenn auch nur vorläufigen Probe-Versuchen gedrungen ward. Unter solchen Verhältnissen musste das Schiff, in mehr oder minder wesentlichen Stücken noch nicht vollendet, am 18ten December 1850 in See gebracht werden, obwohl ich seines vielfach mangelhaften Ausführung mir völlig bewusst war.«

Hier stehen im Original am Rand des Textes die Einfügungszeichen X #. Der einzufügende Text ist als fünfte Seite mit einem zweiten Heftfaden eingeheftet. Demnach wurde vermutlich dieser Text nachträglich eingefügt, wie auch aus der etwas anderen Handschrift Bauers zu erkennen ist.

»X # Dieselben gelangen im Verhältnis zu den Mängeln der Bau-Ausführung durchgehends sehr günstig, so muß man z. B. namentlich die Fortbewegungsgeschwindigkeit im schwimmenden Zustande nennen, da 2400 Schritt in 14 Minuten, ungerechnet kleinerer Steuerkreuzungen, mit einem fortzubewegenden Querschnitt von 41 Quadratfuss und der Last von 62.000 Pfund.

Je wichtiger die Versuche wurden, desto fühlbarer wurde mir aber die Abwesenheit der nöthigen Hilfleistungen, namentlich zur Veranstaltung von stets bereiten SicherheitsMaßregeln für mögliche Missglücke, namentlich nachdem hauptsächlich dieser Mangel an bereiter Hülfe schon einmal den Untergang des Schiffes auf den Meeresgrund herbeigeführt hatte. Allein da gerade nach diesem Unglück die Marine-Commission, welcher meines Wissens schon damals in gewisser Weise die Aufsicht über diese Erfindung übergeben war, fernere Hülfsmittel abschlug, ich hingegen von dem Comité den Auftrag erhielt, ja keine Kosten mehr zu machen, aber möglichst bald Resultate zu liefern, so sah ich mich genöthigt, ohne weitere Vorsichts-Massregeln, ohne Vervollkommnung des als unfertig sich schon gezeigten Apparates nach kaum zureichender Ausbesserung der unlängst erlittenen Schäden umfangreichere Proben zu wagen. Zur Prüfung beliebigen Sinkens und Steigens bis in die Tiefe eines Atmosphärendruckes, und zwar von Fuss zu Fuss fortschreitend, begab ich mich am 1. Februar 1851, Morgens 9 Uhr, mit dem Zimmermann Witt und Schmied Thomsen in den Apparat.
Es ergab sich bei diesem Versuch Folgendes: # X«

»Bei dem Mangel einer Senknadel, hatte es im schwimmenden Zustande des Schiffes nicht bemerkt werden können, dass in dessen hintersten Ende von der vorigen Tags beschafften Pumpenreinigung her ein circa 150 Pfund schweres Stück Ballast zu viel liegen geblieben war.

Dies bewirkte natürlich, daß das Schiff nach dem Hinterende zu etwas Tiefer hing, und also auch des Behufs des Sinkens eingelassene Wasser, bei dem Mangel der dafür, von mir projectirten, aber zur Kosten-Ersparung nicht angefertigten Cylinder, ungehindert mit seinem Gewicht sich nach hinten zu sammelte und die Schrägstellung vermehrte. Als ich diesen Umstand bei einer Wassermasse von 6000 Pfund bemerkte, schloss ich sofort Ventil und Hahn und das Schiff hatte damals noch ein Schwimmvermögen von 1500 Pfund, jedoch nur im Kopf und Hals, da der Schiffskörper in einem Winkel von 15% zu Senkrecht lag. Durch diese grosse Schräg-Stellung musste selbstverständlich die vordere Pumpe ohne Wasser stehen, die hintere Pumpe dagegen bis an die halbe Kolben-Stange = 7 Fuss überschwemmt werden.

Da diese nun von oben und unten saugen musste, so konnte sie nur 50% der normalen Wassermasse ableiten und auch nur unter bedeutend stärkerer Beschwerde gehandhabt werden.

Eine andere allmälige Folge der Schrägstellung war unterdessen die, dass die Eingangsklappe unter das Meerniveau gerieth; dieselbe zeigte an ihren Einfassungen einen ziemlich starken Leck, welcher durch Ausspielen der Packung allmälig grösser wurde und durch Ein- und Verstämmen nicht beseitigt werden konnte.

Um das Schiff, bevor es durch das Leckwasser vollständig unter das Niveau gebracht werde, damit das eingelassene Wasser vertheilt und beide Pumpen gebraucht werden könnten, half ich den Ballast in Stücken von 100-150 Pfund nach vorne schaffen. Durch die schlechte Stellung, wie durch die Last der Stücke, welche auf 4 Fuss auf und vorwärts geworfen werden mussten, und durch die Eile, in der es geschah, sehr angestrengt, mussten wir uns nothwendig eine RuhePause gönnen, welche jedoch zum Auspumpen des Leckes verwendet wurde, wodurch wir auch wieder eine Steigung des Apparates von 6 Zoll gewannen. Da aber mit 50% einer einzigen Pumpe nur der, während des Pumpens eindringende Leck abgehalten werden konnte, jedoch wegen der auch hiebei eintretenden RuhePausen sich das Fallvermögen steigert, so sah ich mich endlich genöthigt, dem langsamen, aber fortwährenden Sinken bis auf den Grund ruhig zuzusehen, worüber cir. 54 Skd. verstrichen. Nachdem wir den 42 Fuss tief liegenden Grund erreicht hatten, nahm der Apparat seine horizontale Stellung wieder an.

Als während des Sinkens der Mahnometer die Tiefe von 30 Fuss zeigte, richtete ich an meine Gefährten die Worte:
›Wenn es jetzt nicht bricht, so können wir uns retten.‹
Doch hatte ich kaum ausgesprochen, so hörten wir ein Knistern, darauf Krachen und sahen im selben Moment die linke Wand an das linke 6 Fuss große Trittrad anpressen, dasselbe dicht an der Naabe von den Speichen absprengen, die Wand 1 Fuss eingebogen, die Kernschraube von 4 Zoll Länge, 1¾ Zoll Dicke abspringen, den Mahnometer abdrücken, die Umlaufbalken aus Eichenholz 5 und 4 Zoll in Splitter brechen, die Nieten lecken, die Kleiderrahmen weggeschleudert, die rechte Vorderwand gleichfalls eingedrückt, die Prause der Hinterpumpe abgesprengt. Nachdem die erste erdrückende Spannung vorüber war, sagte ich meinen Gefährten:
›Wenn die Wand da oben einbricht, sind wir verloren; wenn nicht, so können wir uns durch die Eingangsklappe bei comprimirter Luft retten.‹

Darauf erfolgte eine stumme, aber erwartungsvolle Pause von circa 1 Mt:, während welcher nichts zur Rettung unternommen wurde. Hierauf wurde gepumpt. Da die Luft im Apparat noch nicht comprimirt war, die Lecke aber bis zu Ergüssen von 2 Kann: in 1 Seckd. wuchsen und die Leute, vollkommen erschlafft von der anstrengenden Arbeit, doch bereit die letzte Kraft aufzubieten, mich frugen:
›Was sollen wir thun, damit wir das Schiff sammt uns retten‹ so gab ich denselben die Weisung:

›Aus dem Wasser zu steigen, niederzusitzen, um sich zu erholen, damit sie Kräfte haben, nach geöffneter Klappe schwimmen zu können, doch könne dieselbe erst nachher geöffnet werden, wenn die Luft so stark gepreßt sei, als wie die Schwere des Wassers von oben sei.‹

Obgleich ich, veranlasst durch die Bezweiflung des Aushaltens, dieses schon früher erklärte. Es war denselben jedoch nicht möglich, ohne physische Kraftanstrengung 3-4 Stunden ruhig zu sitzen, sonder baten sich gegenseitig nach Verlauf von circa 5 Mt., auf's Neue zu pumpen, um, wie selbe sich äußerten, ihre Pflicht gethan zu haben, wodurch selbe nur verursachten, dass die Compression der Luft bis zum Eintritt der Stickluft verzögert wurde.

Auf wiederholte Fragen, was zu thun sei sagte ich nur: ›Thun Sie, was Sie wollen, es hilft Ihnen nicht, da wir nur durch die Klappe entkommen können.‹ Nun versuchten beide, die Klappe mit Gewalt zu lüften, doch es war, wie ich dachte, noch umsonst, da auf derselben ein Druck von 5544 Pfund ruhte, daher noch nicht gehoben werden konnte. Ich hüllte mich in meinen Mantel und sass bereits 1 Stunde auf dem rechten Trittrad. Da bemerkte ich eine sich allmählig nähernde Leine mit Loth. Die Wahrnehmung dieses wirkte sehr ermuntern auf uns Alle; hingegen, da es nicht denkbar war, daß der Apparat so schnell nach oben gebracht werden könne, daß noch genießbare Luft uns erhalte, so verursachte das bald darauf erfolgende Herunterlassen und

Umstricken mit Tauen und Ketten bei mir nur Sorge, wir möchten von den oben Beschäftigten unbewusst eingeschlossen werden. Dieses um 11 Uhr. Um $\frac{1}{2}$ 2 Uhr kam ein kleiner Anker herunter, hing sich an die untere Fensterrahme und drohte, das Fenster einzudrücken, wodurch die Luft entweichen und Wasser eindringen konnte. Als dieser Anker zum drittenmal abgeglitten war und nicht mehr kam, waren wir froh, doch bald darauf kam eine starke Kette, legte sich um den Hals des Apparates und verhinderte, bei der bereits stark comprimirten Luft, das Oeffnen der Klappe. Dieses war mir sehr unangenehm. Doch glücklicher Weise glitt der Hacken von der Kette ab und die Klappe war frei.

Damit wir nicht noch öfter den nur Gefahr bringenden Rettungsversuchen von oben ausgesetzt würden, wollte ich einen Pumpenhebel losschrauben, um die Klappe, welche noch 80 Pfd. Druck von oben erlitt, mit Gewalt zu lüften. Doch dessen wurde ich durch die noch grosse physische Kraft des Gefährten Witt enthoben, indem derselbe die Klappe mit den Armen lüftete und 2“ aufhob. Durch das hiedurch hereinstürzende Wasser erschreckt, schloss er dieselbe schnell wieder, worauf er mich und Thomsen zu sich rief, um hinauszusteigen. Bei dieser Gelegenheit bat ich die Leute: ›Es möge keiner den anderen anfassen oder sonst aufhalten, da alle Drei leicht hinauskommen könnten, dagegen keiner im anderen Falle.‹

Als ich Witt entfernt sah, griff ich mit der rechten Hand nach der Lucke, mit der linken nach dem unter mir stehenden Thomsen, um ihn mitzunehmen, da derselbe schon so schwach war, dass er alle Gegenstände, woran er sich feßthalten konnte, mit solcher Haßt und Kraft fasste, wodurch ich befürchtete, er könne sich an der Lucke feßthalten und aus Ermattung nicht hinauf kommend, auch mir den Tod zu bereiten, weßwegen ich vorzog, ihn bei den Haaren emporzuziehen, daher vor ihm hinaufstieg; doch wollte mir dieses mit meinen vor Kälte steif gewordenen Fingern nicht gelingen, indem ich ihn nicht fest genug fassen konnte. Doch war er durch das herunterstürtzende Wasser erfrischt und konnte sich retten.

Auf diese Weise wurden wir vom Luftstrom glücklich an die Oberfläche des Wassers getragen und dort von den Wartenden freudig aufgenommen.«

Anmerkung: In einer Abschrift [69], die in Kiel von dem Marine-Auditeur F. Christiansen beglaubigt wurde, ist an dieser Stelle zusätzlich und mit anderer Handschrift (nachträglich?) eingetragen: »um $3\frac{1}{2}$ Uhr«. Dieser Eintrag ist im Original im Reichsarchiv in Kopenhagen nicht enthalten.

»Nach den vorstehenden wahrheitsgetreuen Angaben, haben die oft theilweise, zuletzt misslungenen Versuche mit dem Tauchapparat, durch die dabei eingetretenen einzelnen Umstände selbst den Beweis geliefert, dass nicht Mangelhaftigkeit oder Unausführbarkeit der Erfindung an sich Ursache des Misslingens sei, sondern vielmehr theils

1. die Nothwendigkeit, wegen Geldmangels mit dem Apparat in mehr oder minder unfertigem Zustande zu arbeiten, theils
2. die gegen meine Berechnung, aber gemäss dem technischen Commissionsgutachten vorgenommene schwächere Bauart, theils
3. der Mangel solcher Unterstützung bei den Versuchen, die, bei sich ergebenden Mißglücken zu rechter Zeit Sicherheits-Maßregeln vorzunehmen bereit war. Ein sehr werthvolles Zeugnis für diese Überzeugung sind mir zugleich die Worte, die mein Gefährte Witt während des verunglückten letzten Versuchs sprach, weil sie nicht auf theoretischen Kenntnissen, sondern auf bloss praktischen Erfahrungen an dem

Apparat beruhten, welche selbst während der durch denselben verursachten Todesgefahr nicht wankend wurden; er äusserte nämlich in der letzten unten erlebten ½ Stunde:

›Es ist einerlei, wenn wir wieder hinauskommen und so ein Schiff wieder gebaut wird, so fahre ich doch gleich wieder mit, denn die Geschichte ist gut, und dass die Pumpen versagt haben, davor können wir nicht.‹

Kiel, den 15ten Februar 1851

Wilh: Bauer
Erfinder des Brand-Tauch-Apparates«

Jedoch scheint die Konferenz, an der zwei Mitglieder der Marine-Kommission, die aus drei Personen bestand und den Oberbefehl über die Schleswig-Holsteinische Marine führte, der Ingenieur-Oberstleutnant von Jeß und der Reeder Lorenz Karberg, teilnahmen, nicht ganz so reibungslos verlaufen zu sein, wie es dem Protokoll zu entnehmen ist. Bei einer genauen Betrachtung des Originals des Bauerschen Berichtes »N. B. Die Erfindung und Erbauung des Brand-Tauch-Apparates von W. Bauer, Unteroffizier«, ist zu erkennen, daß dieses Schriftstück wahrscheinlich nachträglich,wie bereits vermerkt, geändert wurde. Das Komitee zur Erbauung des Brand-Taucher-Apparates hatte bereits seine Arbeit und seinen Einsatz mit den folgenden Worten anerkannt [70]:

»Rendsburg, den 3. Februar 1851

Zeugniß.
Nachdem nunmehr der Bau des vom Unterofficier Wilh. Bauer der schleswig-holsteinischen Artillerie inventirten Brand-Taucher-Apparates vollendet ist, — der Erfinder auch in Praxis erwiesen hat, daß das Fall- und Steige-Vermögen, sowie die Fortbewegung unter dem Wasser (1 geographische Meile in 1½ bis 2 Stunden) allen Erwartungen entspricht, — und kein Zweifel da ist, daß die Explosion (wegen Mangel an Geld und Pulver, sowie eines fehlenden geeigneten Schiffes wegen noch nicht ausgeführt) gelingen muss; —
so will die unterzeichnete Kommission, die den Bau auf Subscription unternommen hat, dem Erfinder hiemit das Zeugniß ausstellen, daß derselbe den Bau mit unermüdlichem, jedem Hindernisse Trotz bietenden Eifer und großer Umsicht geleitet, auch hinreichend an den Tag gelegt hat, wie er mit sehr reichen natürlichen Anlagen tüchtige Kenntniße und praktische Gewandtheit, insonderheit in der Mechanik verbindet.
In Rücksicht auf die Führung beehrt sich die Kommission, dem Unterofficier Bauer zu bezeugen, daß derselbe sich stets als ein zuverläßiger, höchst ehrenhafter Mann gezeigt hat und fügen wir hinzu, daß wir von gegründeter Hoffnung beseelt sind, daß die Bauer'sche Erfindung nicht ohne großen Erfolg verwirklicht worden, umso mehr als Herr Bauer für seine Erfindung Alles zu opfern bereit ist.

Die Kommission:

J. Christiansen, Professor	Grunwald, Hauptmann	Feldmann, Hauptmann	Neergard, Ingenieur-Hauptmann.«

Der Professor Gustav Karsten, Physiker, aber auch Lehrer an der Seekadettenschule in Kiel, der Mitglied der am 7. April 1850 ernannten Kommission zur Begutachtung des »Brandtauchers« war, schrieb für Bauer das folgende, wesentlich ausführlichere und sachkundigere Zeugnis [71]:

»Als Mitglied einer Commission, welche niedergesetzt worden war, um die von dem Unteroffizier Bauer vorgelegte Erfindung eines Taucherschiffes zu prüfen, habe ich von der zuerst projektirten Construktion dieses Schiffes Kenntniß erlangt, sowie später bei der wirklichen Erbauung eines solchen Fahrzeugs Gelegenheit gehabt, die Ausführung zu beobachten.
Auf Grund dieser Wahrnehmungen bezeuge ich hiermit Folgendes:
Die projektirte Construktion ließ nach meiner, auch in dem Commissionsgutachten ausgesprochenen Ansicht keinen Zweifel darüber, daß eine willkürliche Regelung der Bewegung sowohl der auf- und absteigenden als auch der vorwärtsgehenden durch den angebrachten Mechanismus möglich sei; ebenso fand ich die Berechnung richtig, nach welcher beim Fahren des Schiffes unter dem Wasser die abgesperrte Luftmasse für mehrere Stunden Sauerstoff genug enthalten sollte, um einige Arbeiter im Schiffe zu ernähren.
Obgleich in dem ursprünglichen Projekte manche bei der späteren Ausführung als nothwendig erkannte Maschinentheile fehlten, so machte doch das ganze Projekt durch die sinnreiche Anordnung aller Apparate einen vortheilhaften Eindruck.
Leider standen bei der Ausführung der Erfindung nicht solche Geldmittel zu Gebote, welche das Schiff nach dem Projekte zu erbauen gestattet hätten, vielmehr mussten, um Kosten zu sparen, wichtige Teile des Apparates durch andere, einfachere, aber auch ungenügendere ersetzt werden. Diesem Übelstande allein ist das am 1. Februar d. J. erfolgte Verunglücken des Schiffes zuzuschreiben.
Trotz dem ist aus den wenigen mit dem unvollkommenen Apparat angestellten Versuchen ersichtlich geworden, daß ein Fahrzeug, nach dem Projekt des pp. Bauer ausgeführt, vollständig seinem Zweck entsprechen würde.
Erstens nämlich stellte sich die Maschineneinrichtung zur Fortbewegung des Schiffes als zweckmäßig heraus.
Zweitens zeigte sich, daß das Heben u. Senken des Schiffes mit einer nach dem Projekt ausgeführten Einrichtung leicht u. sicher erfolgen werde, da es bei der unvollkommenen Ausführung u. bei aller Ungunst der Verhältniße (indem einige Maschinentheile ihre Wirkung versagten) gelang, eine Zeit lang das Schiff zu heben.
Drittens ergab sich, daß die im Schiffe abgesperrte Luftmasse für längere Zeit als man erwarten konnte zum Lebensunterhalte hinreichte, da trotz dem, daß beim Untergange des Schiffes viel Luft entwich, dennoch drei Menschen 4 bis 5 Stunden in dem Schiffe aushielten u. noch längere Zeit hätten aushalten können.
Ohne Zweifel würden sich bei dem Gebrauche selbst eines zweckmäßig construirten Taucherschiffes noch manche Schwierigkeiten herausstellen, ebenso zweifellos würden diese aber überwunden werden können, da die grössten Schwierigkeiten, die Bewegung des Schiffes und die Sicherung der Existenz der Arbeiter, schon überwunden sind.
Sowohl nach den in dem Projekt enthaltenen sinnreichen Ideen als nach den bei der Ausführung gemachten Erfahrungen stehe ich nicht an, dem pp. Bauer grosse Befähigung zum praktischen Mechaniker zuzusprechen, um so mehr als derselbe mit mangelhaften Kenntnißen ausgerüstet, nur durch natürlichen Scharfsinn geleitet zu seiner Erfindung gelangte und dieselbe den Umständen nach möglichst gut verwirklichte.

Würde dem pp. Bauer die günstige Gelegenheit, sich gründliche Kenntnisse zu erwerben, eine Gelegenheit, die er so weit ich seinen Charakter zu beurtheilen vermag, eifrig ergreifen u. benützen würde, so zweifle ich keinen Augenblick derselbe werde Bedeutendes in der praktischen Mechanik zu leisten im Stande sein.

G. Karsten, Professor der Physik.

Kiel, den 20. Februar 1851.«

Der Hauptmann Amynt Liebe, der am 24. April 1850 den ersten zusammenfassenden Bericht über den Bauerschen »Brand-Tauch-Apparat« geschrieben hatte, ergänzte dieses Zeugnis mit den folgenden Worten:

»Als Präses der oben erwähnten Commission hatte der Unterzeichnete Gelegenheit, die Persönlichkeit des pp. Bauer genügend kennen zu lernen, und kann sich mit den vom Herrn Professor Karsten ausgesprochenen Ansichten über die Befähigung des pp. Bauer, wie über seine rastlose Thätigkeit und seinen grossen Eifer, seine Kenntnisse nach allen Richtungen der Technik hin zu vervollkommnen, nur einverstanden erklären.

Kiel, den 21. Februar 1851

A. Liebe,
Hauptmann der Artillerie,
Chef der Seekadetten-Schule in Kiel.«

In den Kieler Zeitungen fanden die Ereignisse des 18. Dezember 1850 und des 1. Februar 1851 keine Erwähnung. Der Augenzeuge Heesch berichtet in seinem Tagebuch [72] über die Ereignisse:

Kiel, den 1. Februar 1851

»Der bayerische Unteroffizier Bauer machte heute einen leider unglücklich verlaufenen Versuch mit seinem „Brandtaucher" gegen die dänischen Blockadeschiffe „Skiold" und „Freia", welcher in hohem Grade aufregend und interessant war und ein abenteuerliches Ende nahm. Nachdem es ihm bei seiner Fahrt auf dem Hafen zweimal geglückt war, mit seinem Apparate wieder an die Oberfläche des Wassers zu gelangen, versagten das dritte Mal die Pumpen, und der Apparat versank vor der schleswig-holsteinischen Werft in den Grund. Dem kühnen Erfinder und seinen beiden Leuten eröffnete sich somit die Aussicht, lebendig begraben zu werden. Ich war sogleich mit einem Ruderboot zur Stelle, die Marine kommandirte 2 Kanonenboote zur Hülfe, welchen es gelang, Ketten und Trossen unter dem Kopf des Apparates anzubringen. Das Klopfen und Rufen der Männer am Grunde des Hafens war peinlich anzuhören für die an der Oberfläche Weilenden, die zum Helfen herbeigeeilt waren, und nichts auszurichten vermochten. Mit verzweifelter Kraft hivte man an den Ketten und Trossen, um die Verunglückten ihrem anscheinend sicher bevorstehenden Tode zu entreißen. Vier bange Stunden waren bereits in dieser Weise verstrichen, und schon hielt man die Leute für todt, denn momentan gewaltsam aufströmende Luft zeugte von dem Eindringen des Wassers in den Apparat. Es war ein verzweifelter Augenblick, und tiefe Stille beherrschte das Ganze. Da plötzlich zeugte hoch aufwallendes Wasser von einem besonderen Ereigniß. Eine Mütze wurde emporgeschleudert und dieser folgten alsbald der Zimmermann Witt, Heizer Thomsen und darauf Bauer selbst, die,

dem fast sicheren Grabe auf vorläufig noch unerklärliche Weise entronnen, an die Oberfläche geschnellt wurden.
Abends war Bauer wieder munter und fidel, und seine ersten Worte waren: „Es wär halt doch keen Spaß gewes't." Alsdann erzählte er: Nachdem mit dem Apparat eine größere Tiefe erreicht, wurden die Seitenwände desselben durch den starken Wasserdruck eingebogen, und hierdurch die Nähte undicht, so daß Wasser einzuströmen begann. Die Versuche, die Leckstellen zu dichten, mißlangen und das Eindringen des Wassers durch die Eisennähte nahm immer mehr zu, so daß der schwer gewordene Apparat ganz auf den Grund des Meeres versank. Während nun das Wasser immer mehr eindrang und von den Pumpen nicht mehr bewältigt werden konnte, wurde die Luft, in welcher die Verunglückten athmeten, immer schlechter, so daß der Heizer Thomsen zur Arbeit unfähig wurde. Nun versuchte es der stärkere Witt, die obere kleine Luke im Kopf des Apparates mit der Kraft des Rückens zu öffnen; dieselbe wurde jedoch von dem Wasserdruck sogleich wieder niedergedrückt, noch ehe er sie ganz aufklappen konnte. Das war die Ursache der ersten oben erwähnten Erscheinung der aufströmenden Luft. Witt bereitete sich, nachdem man auf Anrathen Bauer's eine Weile gewartet hatte, damit das eindringende Wasser die Luft noch mehr komprimire und dieser Luftdruck dann auf das Oeffnen der Luke wirken solle, zu einem zweiten Versuch vor. Bauer schloß sich ihm unmittelbar auf der kleinen Leiter an und nahm den schon halb erstickten Thomsen am Kragen zu sich herauf. Nachdem man so bis zum äußersten Augenblick gewartet, machte Witt eine letzte Kraftanstrengung und es gelang ihm nun die Luke zu öffnen, worauf der innere Luftdruck dieselbe ganz zurückschlug. Alle drei wurden nun durch die kaum 18 Zoll große Oeffnung infolge der stark ausströmenden Luft mit großer Geschwindigkeit an die Oberfläche geschnellt. Nur der Kaltblütigkeit und Besonnenheit Bauer's sowie der eigenen Kaltblütigkeit hatten die Geretteten es zu verdanken, daß sie auf eine kaum glaubliche Weise dem sicheren Tode entrissen wurden. Der von dem starken Druck des Wassers eingedrückte Apparat blieb vorläufig dem Abgrund überlassen.«

Am 5. Februar 1851 erschien im »Itzehoer Wochenblatt« [73] unter der Überschrift »Unsere Marine« ein Artikel, in dem über das Taucherschiff des Unteroffiziers Bauer folgendes berichtet wurde:

»...Es wird unseren Lesern nicht unbekannt sein, daß in Kiel ein Taucherschiff erbaut wurde, dessen Bestimmung es war, sich feindlichen Schiffen unter dem Wasser zu nähern, eine Petarde daran zu befestigen und selbige aus einiger Entfernung durch eine galvanische Batterie zu entzünden. Die Idee dazu ward von dem Erfinder, Unterofficier Bauer, früher in Baierischen Diensten, im Jahre 1849 gefaßt, als er mit dem damaligen Reichsheere im Sundewith lag und sich darüber ärgerte, daß die Dänischen Schiffe unangefochten und ungestraft die Deutsche Landmacht verhöhnen durften. Nachdem er in den Dienst der Herzogthümer übergetreten, construirte er, während es in Neustadt lag, auf eigene Hand Modelle, eine höheren Orts niedergesetzte Commission prüfte die Idee, fand sie ausführbar, und es ward in der Armee eine Subscription zur Deckung der nicht unerheblichen Kosten eröffnet. Darauf ging der Bau in Schweffel's und Houwald's Maschinenfabrik in Kiel vor sich. Die erste Probe mißglückte: das circa 70.000 Pfund schwere Schiff sank und konnte nur mit großer Mühe wieder gehoben werden. Nachdem es reparirt, erfolgte am 1sten Febr. ein neuer Versuch. Der Erfinder Bauer begab sich mit 2 Freiwilligen von der Marine in das Taucherschiff, ließ es wiederholt sinken und brachte es nach einiger Zeit, während welcher es unter dem Wasser manövrirte, glücklich wieder in die Höhe. Um 10 Uhr vormittags sollte das Schiff noch einmal, und zwar bei größerer Tiefe, sinken. Dies hatte die traurige Folge, daß der Wasserdruck für das Schiff zu stark ward, die Seitenwände gaben nach, wodurch Luft entwich und Wasser eindrang, während zugleich die Pumpen, welche Wasser einlassen und entfernen, wodurch das Steigen und Sinken regulirt wird, unklar wurden. Sobald man sich von der gefährlichen Lage der kühnen Taucher überzeugt hatte, wurden 2 Kanonenböte hinausgelegt, um das Schiff zu heben, zu welchem Zwecke Taue niedergelassen wurden. Man hörte die Taucher stundenlang arbeiten, um die Taue zu befestigen, doch wollte es nicht gelingen. Endlich, um 3 Uhr Nachmittags, zeigten sich mächtige Luftblasen im Wasser, und darin stiegen die Taucher zur Oberfläche empor. Sie hatten in einem ganz schmalen Raume, bis an die Brust im Wasser und von da an in fest zusammengedrückter Luft stehend, unter den größten Beschwerden gearbeitet, so daß sie in Schweiß gebadet wurden. Dabei stellten sich Uebelkeiten ein. Endlich gelang es ihnen, als sie fast schon an der Rettung verzweifelten, einige Schrauben einer engen Klappe zu öffnen, worauf der Luftdruck das Uebrige that. Sie stellten sich gerade unter die Luke, als dieselbe nachgab, und flogen wie Champagnerkork, in die Höhe. Leider stieß sich der Eine der Freiwilligen an dem einen Kanonenboote, wodurch er nicht unerheblich verletzt wurde. Der Andere, sowie Bauer, sind ganz wohl davongekommen. Man muß es erwarten, ob die bei dieser Gelegenheit kennen gelernten neuen Schwierigkeiten sich beseitigen lassen werden.«

Wenige Tage später war in den Zeitungen der deutschen Länder von dem ersten, aber mißglückten Tauchversuch Bauers zu lesen. Diese Artikel sind wahrscheinlich nach Bauers Bericht vom 15. Februar 1851 verfaßt. Sie stimmen in ihrem Wortlaut oft weitgehend mit Bauers Sätzen überein. Mit diesen Veröffentlichungen wurde Bauers Erfindung eines Tauchbootes weithin bekannt, aber diese Publizität, die sicher auch von ihm selbst stark unterstützt und gefördert wurde, denn letztlich wollte er seine Erfindung möglichst gewinnbringend verwerten, brachte ihm wenig Nutzen ein.

In den Beilagen 2 bis 7 sind die Artikel aus »Weber's Illustrirter Zeitung«, den »Münchner Neuesten Nachrichten«, beide vom 8. März 1851, aus der Familienzeitschrift »Die Gartenlaube« aus dem Jahre 1861, aus der Tageszeitung »Nürnberger Anzeiger« von 1862 und der Abschnitt aus Bauers »Erinnerungen«, geschrieben im Jahre 1866, der sich mit dem Verlust des »Brandtauchers« in Kiel beschäftigt, im vollen Wortlaut wiedergegeben.

Bei einer vergleichenden Gegenüberstellung dieser Darstellungen mit Bauers Bericht vom 15. Februar 1851 ist zu erkennen, wie sich im Laufe der Zeit, auch durch ein erhebliches Zutun von Bauer selbst gefördert, um den Kieler »Brandtaucher« eine Legende bildete, die von späteren Publizisten, natürlich unter Hinzufügung weiterer phantasievoller Einzelheiten, übernommen wurde. So entstand ein Bild voller Halbwahrheiten mit teilweise stark verdrehten historischen Tatsachen. Aus diesen Geschichten ist aber auch die Kapitulation einzelner Autoren vor den technischen Bedingungen und physikalischen Voraussetzungen der Tauchbootstechnik zu erkennen.

Noch im Februar 1851 richtete Bauer über das »Commitee für die Erbauung des Brand-Tauch-Apparates« ein Gesuch an die oberste Zivilbehörde des

Herzogtums Holstein. Mit dieser Eingabe bat er um eine Remuneration (Belohnung) von 1000 Mark Courant für seine Erfindung. Am 24. Februar 1851 schrieb die dritte Abteilung des Departements des Krieges »Die Marinecommission wird ersucht sich unumwunden über den Taucher-Apparat auszusprechen und sich darüber zu äußern, wiefern dem pp. Bauer eine besondere Remuneration zustehen dürfte.« [74] Am 3. März 1851 antwortete die Marine-Kommission: »so glaubt die MarCommission, daß dem ... billiger Weise eine Remuneration für die Überlassung dieser, jedenfalls sehr wichtigen Erfindung an den Staat nicht versagt werden könne namentlich um demselben auch dadurch zugleich eine Vergütung für den bei der Erbauung des Tauchers entwickelten ... Eifers, so wie eine Entschädigung für die wohl dabei gehabten Ausgaben aus eigenen Mitteln zu gewähren. Mit Rücksicht darauf, daß der Staat durch den Apparat bis jetzt ohne positiven Nutzen bereits bedeutende Kosten gehabt hat, ... dürfte wohl eine Remuneration von circa 700 Mk. genügen.« [75]

Am 7. März 1851 schrieb aber das Departement des Krieges an die Marine-Kommission: »daß das Departement unter den gegenwärtigen Verhältnissen sich außer Stande sieht, dem Wunsche des Bauer zu entsprechen.« [76] Am gleichen Tage teilte die Marine-Kommission [77] dem Unteroffizier Bauer schriftlich mit, daß ihm unter den »gegenwärtigen Verhältnissen« die erbetenen 1000 Mark für seine Erfindung des »Brandtauchers« nicht gezahlt werden könne.

Durch die Auflösung der schleswig-holsteinischen Streitkräfte mußte Bauer als Ausländer das Land verlassen. In seinen Erinnerungen schrieb er darüber: »Von dem Commitee und den Fabrikanten Schweffel und Howaldt wurden mir hundert Taler eingehändigt, um damit meine Rückreise antreten zu können, gleichzeitig erhielt ich meine Feldzulage und die für 9jährige Dienstzeit. Ich begab mich dann von Kiel nach Hamburg, dort fand ich bei Kaufmann Arenthal und den Gebrüdern Benlöw eine außerordentlich freundliche Aufnahme vom Schleswig-Holsteinischen Commitee Reisemittel, um sofort nach München reisen und ein Modell ausführen zu können, welches den Erfahrungen entspricht.

Ich begab mich im Monat April nach München, fertigte sofort ein Modell an, welches selbständig unter und auf den Niveau des Wassers in allen Richtungen fuhr und welches auch in dem Kreise der Techniker und Wissenschaftsmänner sehr viel Aufsehen erregte. Zwar so, daß ich mir erlauben konnte Seine Majestät König Ludwig I. und König Maximilian sowie die königlichen Prinzen zur Besichtigung des Modells einzuladen.«

Bild 20a: Der Antrieb des »Brandtauchers«. Zustand des Bootes im Museum für Meereskunde etwa im Jahre 1935.

Kritische Interpretation der Ereignisse um den »Brandtaucher«

Bedingt durch die Vorgänge der damaligen Zeit, wurde die einzige authentische Schilderung des ersten und gescheiterten Tauchversuches am 1. Februar 1851 mit dem »Brandtaucher« und die Entstehung des Bootes von Wilhelm Bauer selbst verfaßt. Es ist der Bericht »Die Erfindung und Erbauung des Brand-Tauch-Apparates von W. Bauer, Unteroffizier« [68], den er der Kommission für die Übernahme des »Brandtauchers« am 15. Februar 1851 übergab. Andere offizielle und amtliche Dokumente über den ersten und zugleich letzten Tauchversuch wurden bisher nicht aufgefunden und existieren anscheinend auch nicht. Die bereits zitierte Aufzeichnung aus dem Tagebuch des Maschinen-Aspiranten Heesch [72] vom 1. Februar 1851 ist offensichtlich die Wiedergabe einer Erzählung Bauers vom gleichen Tage. Die von Heesch berichtete Absicht Bauers, die dänischen Blockadeschiffe angreifen zu wollen, wäre in jedem Falle ein Verstoß gegen die Erklärung vom 11. Januar 1851 gewesen, nach der sich die schleswig-holsteinische Landesversammlung den Forderungen des Deutschen Bundes unterworfen hatte. Danach waren sofort alle Feindseligkeiten einzustellen und alle Maßnahmen zur Fortsetzung des Krieges zurückzunehmen. Auch dürfte der von ihm geschilderte zweimalige Versuch des Tauchens und Wiederauftauchens des Bootes auf einer Selbsttäuschung beruhen. Nach den Eigenarten der Konstruktion des »Brandtauchers« wäre das nicht möglich gewesen. Da das Tagebuch von Heesch im Original nicht vorliegt, wurde mit aller Vorsicht aus einer Sekundärquelle [55] zitiert.

Bauers Darstellung vom 15. Februar 1851 weist jedoch, gegenüber den aus den Akten der damaligen Zeit zu entnehmenden Tatsachen und den bei den Vorarbeiten zur Rekonstruktion gewonnenen Erkenntnissen, gewisse Widersprüche und Unstimmigkeiten auf. Deshalb soll sein Bericht einer eingehenden kritischen Untersuchung unterzogen werden. Auch war der erste und zugleich letzte Tauchversuch des »Brandtauchers« durch seinen Mißerfolg bis heute der Gegenstand und Anlaß vieler Veröffentlichungen. Diese Darstellungen widersprechen sich teilweise in wesentlichen Einzelheiten, so daß auch hier eine kritische Bewertung sowie eine Differenzierung und Klärung von Unstimmigkeiten und Widersprüchen in den bekannten Publikationen notwendig erscheint.

Das in Kiel im Jahre 1850 erbaute Modell

Wenn Bauer in dem Bericht vom 15. Februar 1851 schreibt, daß das von ihm in Kiel im März 1850 angefertigte Modell des »Brand-Tauch-Apparates« »von einer zahlreichen Marinecommission im Sinken, Steuern, Vorwärtsfahren geprüft« wurde, dann steht das im Widerspruch zu dem Bericht des Hauptmann Liebe vom 24. April 1850, wonach das Modell zur Anstellung praktischer Versuche »nicht mit der nöthigen Genauigkeit gearbeitet ist«. Wahrscheinlich interessierten sich die Teilnehmer an der Konferenz vom 15. Februar 1851 kaum noch für derartige Ungenauigkeiten in der Darstellung vergangener Ereignisse. In der damaligen politischen Situation und der fortschreitenden Auflösung der schleswig-holsteinischen Armee und Marine werden sie sicher mit anderen Sorgen und Problemen belastet gewesen sein. Außerdem war bei dieser Konferenz kein Mitglied der Kommission zugegen, die am 9. April 1850 Bauers Modell sowie die Zeichnungen, Berechnungen und schriftlichen Erläuterungen seines »Brand-Tauch-Apparates« geprüft und begutachtet hatte. Und letzten Endes hatte diese Konferenz nur den Zweck, für das Unternehmen »Brandtaucher« den notwendigen offiziellen und bürokratischen Abschluß zu finden, damit die Schleswig-Holsteinische Hauptkasse in Rendsburg die bewilligten Gelder der Landesregierung in Höhe von 3000 Mark Courant und der Subskription zur Bezahlung der aufgelaufenen Rechnungen anweisen konnte.

In den späteren Jahren und bis in die jüngste Zeit war das Kieler Modell ein Gegenstand der vielfältigsten Betrachtungen und Darstellungen, die aber auch schon zu seiner Zeit sehr intensiv von Bauer selbst betrieben wurden. Hierbei wird meist die Zeichnung, die der 1859 in Bamberg erschienenen Broschüre von Hauff: »Die unterseeische Schifffahrt« [45], beigegeben war, als Grundlage verwendet.

Bauer baute ein weiteres Modell im Jahre 1851 in München, das er am 11. März 1852 dem Kaiser Franz Joseph in Triest vorführte und am 3. August 1852 bei einer Vorführung, in Anwesenheit der englischen Königin Victoria und Prinz Albert, bei der Isle of Wight verlor. Ein drittes Modell fertigte er 1852/53 an, das erst im Jahre 1968 wieder aufgefunden wurde. Heute ist es im Deutschen Museum in München ausgestellt.

Das zweite und dritte Modell wurde von einem starken Uhrwerk angetrieben. Für das erste, das Kieler Modell läßt sich das nicht nachweisen. Hätte Bauer das Modell im April 1850 abgeliefert, so wäre es mit großer Wahrscheinlichkeit in die Modellsammlung der Kieler Seekadetten-Schule, deren Bestandslisten noch vorhanden sind [78], aufgenommen worden. Der Antrieb der späteren Bauerschen Tauchboots-Modelle durch ein Uhrwerk war sicher für die Vorführung ein eindrucksvoller Effekt. Für einen Laien und den nicht eingeweihten Betrachter entstand dadurch der Eindruck, daß das eigentliche Problem des Tauch- oder Unterseebootes, der Antrieb durch eine Maschine, die weitgehend unabhängig von der Außenluft arbeitet, gelöst sei. Doch in den 140 Jahren, die seit Bauers ersten Versuchen vergangen sind, konnte diese Frage, sieht man von dem sehr teuren und aufwendigen nuklearen Antrieb ab, der eine bestimmte Größe des Bootes oder Schiffes erfordert, bisher noch nicht völlig zufriedenstellend gelöst werden.

Die erreichte Tiefe

Obwohl die erreichte Tiefe des gesunkenen Bootes von untergeordneter Bedeutung ist, da nach Bauers Angaben bereits bei 30 Fuß, also in einer Tiefe von etwa 8 m, die Havarie mit dem Bruch der Außenhaut an der Backbord-Seite eintrat, sollen wegen der großen Breite der Variation die Angaben darüber geprüft werden. Bauer nennt in seinem Bericht vom 15. Februar 1851 als erreichte Tiefe des gesunkenen Bootes 42 Fuß. Das sind etwa 12,05 m. Nach dem schleswig-holsteinischen Maßsystem war ein Fuß gleich 0,287 m. In den späteren Veröffentlichungen, die von Bauer autorisiert sind oder nach seinen Angaben geschrieben wurden, wie in der Broschüre von Hauff: »Die unterseeische Schifffahrt« [45] und in der zeitgenössischen Familienzeitschrift »Die Gartenlaube« [79], die damals mit einer großer Auflage erschien und im ganzen deutschsprachigen Europa gelesenen wurde, werden später 52 Fuß (etwa 14,92 m) genannt. Auch in seinen »Erinnerungen« gibt Bauer eine Tiefe von 52 Fuß an. Abschriften des Berichtes vom 15. Februar 1851 aus späteren Jahren, die amtlich beglaubigt sind, geben die gleiche Tiefe an.

Wenn der Ort des Sinkens und Auffindens des »Brandtauchers« übereinstimmen, so liegt er querab von der Werft der Schleswig-Holsteinischen Marine in Ellerbek in der Nähe des früheren Torpedohafens. Heute befinden sich an dieser Stelle die Docks und Hellinge der HDW Howaldtswerke-Deutsche Werft AG. Nach der Karte des Kieler Hafens von Thalbitzer aus dem Jahre 1853 [80] werden an dieser Stelle Wassertiefen zwischen 37 und 47 Hamburger Fuß (etwa 10,6 m bis 13,5 m) angegeben, wobei der Hamburger Fuß dem Fußmaß in Schleswig-Holstein entsprach.

Im Deutschen Museum in München wird die Taschenuhr [81] aufbewahrt, die Bauer am 1. Februar 1851 bei sich trug und in die er das Ereignis eingravieren ließ. Auch hier wurde die Angabe »42 Fuß« in »52 Fuß« geändert. Der Anlaß und der Grund für diese Änderung ließ sich bisher nicht feststellen. Die in der »Kieler Zeitung« am 6. Juli 1887 genannte Tiefe von 7 Metern bei der Auffindung des Bootes dürfte, wenn man die Höhe des »Brandtauchers« hinzurechnet, etwa einer Wassertiefe von 10 m entsprechen.

Die Zeit des Aufenthaltes im gesunkenen »Brandtaucher«

Die später immer wieder genannte Aufenthaltszeit von 6½ Stunden in dem gesunkenen und langsam vollaufenden »Brandtaucher« erscheint nach heutigen Erkenntnissen und Erfahrungen mehr als zweifelhaft. In dem Original des Berichtes von Bauer, den er am 15. Februar 1851 den Herren der Marine-Kommission und des Komitees zur Erbauung des »Brandtauchers« übergab, sind keine Angaben über den Zeitpunkt des Ausstieges der drei Männer aus dem gesunkenen Boot enthalten. Die Uhrzeit »3½ Uhr« wurde offensichtlich erst später in die beglaubigte Abschrift [82] eingetragen. Nach den Erkenntnissen der heutigen Zeit dürften die drei Männer den Aufenthalt in dem kalten Wasser des Kieler Hafens, das im Februar auf dem Grunde wahrscheinlich eine Temperatur von etwa + 4 °C hatte, kaum ohne schwerste Unterkühlungsschäden überlebt haben. Ob damit der Tod des 29jährigen Witt im September des gleichen Jahres [62] zusammenhängt, wird sich wohl kaum noch ermitteln lassen. Seine Todesursache in den Akten nicht verzeichnet. Über das Befinden von Thomsen schrieb Bauer in seinen »Erinnerungen«, er sei nach den 6½ Stunden, die er in dem gesunkenen Boot zubringen mußte, ganz erstarrt gewesen und mußte in das Lazarett gebracht werden. Dort verbrannte man »ihm die Fußsohlen mit heißen Wärmflaschen, so, daß er, im übrigen wohl und gesund, 6 Wochen im Spital liegen mußte, bis ihm neue Fußsohlen ergänzt waren«.

Obwohl Bauer wahrscheinlich sofort erkannt hatte, daß sich das Luk zum Aussteigen aus dem gesunkenen »Brandtaucher« erst nach einem Druckausgleich öffnen ließ, hielt er das Flutventil geschlossen und wartete das langsame Vollaufen des Bootes durch die Lecks ab. Nach seinen »Erinnerungen« unterließ er den schnellen Druckausgleich durch das Öffnen des Flutventils, weil noch keine Boote oben waren, die ihn und seine Gehilfen hätten aufnehmen können. Als dann um 11 Uhr die Rettungsversuche begannen, wird er wohl nicht mehr an diese Möglichkeit des beschleunigten Druckausgleichs und somit einer schnellen Flucht aus dem gesunkenen Boot gedacht haben.

Die Übernahme des Bootes im gesunkenen Zustand

Nach den Ausführungen des Protokolls vom 15. Februar 1851 übernahm die Schleswig-Holsteinische Marine-Kommission, nachdem sie sich mit den Ausführungen in Bauers Bericht einverstanden erklärt hatte, den »Brandtaucher« am gleichen Tage im gesunkenen Zustand. Dieser eigenartige und etwas seltsam anmutende, außergewöhnliche Vorgang, bei dem ein Boot übernommen wurde, über das man nicht verfügen konnte, war sicher notwendig, um eine Urkunde für die vom Departement des Krieges bewilligten Gelder und die Spenden aus der Subskription zu haben. Formaljuristisch war demnach der »Brandtaucher« bis zum 15. Februar 1851 Eigentum des Artillerie-Unteroffiziers Wilhelm Bauer bzw. des Komitees für die Erbauung des Brandtaucher-Apparates.

Eine Abnahmekommission für den »Brandtaucher« ist allem Anschein nach bei dem ersten Tauchversuch am 1. Februar 1851 nicht zugegen gewesen, denn Bauer bemängelt am Schluß seines Berichtes, aber auch in seinen späteren Schriften, das Fehlen jeglicher Hilfestellung oder Hilfeleistung beim Beginn seines ersten Tauchversuches. Die unmittelbare politische Situation der Tage, in denen die damalige Regierung des Landes Schleswig-Holstein kapitulierte und Heer und Marine bereits in voller Auflösung waren, erlaubte keine offizielle Vorführung und Abnahme dieses zu spät gekommenen und noch unvollkommenen Kriegsmittels. Außerdem waren die Feindseligkeiten und Kampfhandlungen bereits seit dem 11. Januar 1851 eingestellt. In den Kieler Zeitungen der Jahre 1850 und 1851 sind über die Vorgänge um den

»Brandtaucher«, obwohl sie nach den Berichten von Augenzeugen in aller Öffentlichkeit geschahen, nicht die geringsten Nachrichten zu lesen.

Die »Streichung der proponirten Stärken durch die Marine-Kommission«

Wenn Bauer in seinem Bericht vom 15. Februar 1851 über »die beim Bau des Apparates besonders maßgebenden Bemerkungen der technischen Commission« schreibt, dann bezieht er sich auf das »Gutachten über das vom Unteroffizier Bauer projectirte Taucherfahrzeug« vom 23. April 1850 [13] und gibt die jeweiligen Punkte daraus wörtlich wieder. Diese »Bemerkungen der technischen Commission«, die am 7. April 1850 vom Departement des Krieges [10] berufen wurde und aus den damals zuständigen und maßgebenden Fachleuten der Schleswig-Holsteinischen Marine bestand, beziehen sich auf Bauers Schriftstücke, die er bei der Vorstellung seines Modells dieser Kommission übergab.

In »1. Zweck des Brandtauchers« [12] hatte er geschrieben unter:
»g: Wiederstandsfähigkeit gegen den Druck des Wassers.«
»g: Die Maschine ist von ¼″ [*Zoll*] starken geschmiedeten Eisenplatten im länglichen Schiffsform gebaut. Die Platten werden von innen durch 2″ starke Steifen auf je 2′ [*Fuß*] Abstand gettragen und gestützt; jede von diesen wird von den Durchlaufschienen gestützt und beigehalten.«
und weiter:
»k: Grund warum die verschiedenen Stoffe zu den Aussenbauten verwendet werden.«
»k: Die ¼″ starken geschmiedeten Eisenplatten geben die gleichmäßige Wiederstandsleistung durch ihren Kompactheit /:siehe die Eisenkraft in verschiedenen Werken:/ Kork biethet dem Führer ein moralisches Vertrauen zur Maschine und Tragkraft. Thon biethet den von aussen aufgeworfenen Brandstoffen das größte Hinderniß und vermindert das Eindringen von Wasser. Das den ganzen Bau einschließende Eisenblech von 1‴ [*Linien*] Stärke dient dem Thon samt Kork in der vorgeschriebenen Form zu erhalten und mit der Maschine zu verbinden.«

Nach den heutigen Maßen, die aus einer Umrechnung des damaligen schleswig-holsteinischen Maßsystem abgeleitet wurden, wollte Bauer demnach den »Brandtaucher« aus 6 mm dicken Stahlplatten, mit Spanten von 47,8 mm Stärke und einem Abstand von 57,4 cm bauen. Das sind die gleichen Abmessungen, wie sie in den Jahren 1960 bis 1963 bei der Vermessung des 1887 gehobenen »Brandtauchers« festgestellt wurden. Außerdem sollte das Boot zur Erhöhung des Schwimmvermögens und als »Schutz gegen aufgeworfene schwere Körper« mit Kork bekleidet werden. Diese Korkschicht, die kaum zur Festigkeit des Bootes beigetragen hätte, sollte mit Eisenblech von etwa 2 mm Dicke und mit einem Tonanstrich geschützt werden. Die Kommission lehnte die Kork- und Blechbekleidung in dem Gutachten vom 23. April 1850 [13] mit der folgenden Bemerkung ab:

»ad k. Es genügt eine einfache Wand aus etwa $^1/_4''$ starken geschmiedeten Eisenplatten«,
wobei aber dieses Maß genau mit der von Bauer projektierten Wandstärke übereinstimmt.
Ebenfalls wurde mit:
»ad i.« die »sehr theure Korkbekleidung« gestrichen.
Dagegen schlug die Kommission vor einen weiteren, dritten Mann als Ablösung für den Antrieb, den Einbau von Druckpumpen zum Lenzen von Leckwasser aus dem Raume und andere Abmessungen des Bootes mit einer Länge von 25 Fuß (etwa 7,18 m), einer Breite von 5 Fuß (etwa 1,44 m) und der Höhe von 10 Fuß (etwa 2,87 m), um dem Boot eine für die Fortbewegung günstigere Form zu geben, vorzusehen. Tatsächlich verfügte der »Brandtaucher« über eine Besatzung von drei Mann, zwei Kolben-Lenzpumpen und war 8,07 m lang, 2,01 m breit und hatte in der Mitte eine Höhe von 2,86 m. Jedoch war die Kommission der Meinung: »Die Dimensionen der Seitenwände, Rippen, des Kiels, des Ruders usw. sind durchgehend zu schwer und können ohne Nachtheil bedeutend leichter gebaut werden.« [13]

Die von Bauer in der Zeit von etwa Ende August / Mitte September bis zum 18. Dezember 1850, also innerhalb von 14 bis 16 Wochen ausgeführte Konstruktion weicht erheblich von der seines ersten Vorschlages ab. Jedoch sind hinsichtlich der von ihm vorgeschlagenen Dicke der Bleche des Druckkörpers und des Abstandes der Spanten keine wesentlichen Änderungen festzustellen. Die in der Literatur [83] zu findenden und oft wiederholten Angaben über die erfolgten Streichungen und Reduzierungen der Abstände der Spanten und der Dicke des Druckkörpers durch die Offiziere der »Marinekommission«, die meist als dumm, überheblich und borniert dargestellt werden, können nicht nachgewiesen werden. Mit Sicherheit sind das nur Vermutungen oder vielleicht auch nur phantasievolle Vorstellungen der einzelnen Schriftsteller, obwohl Bauer selbst erheblich zu Bildung dieser Legende beigetragen hat. Wahrscheinlich meinte er, sich mit dieser einfachen und für jeden Laien verständlichen Erklärung für seinen Mißerfolg in Kiel rechtfertigen zu müssen.

Die wahren Ursachen der Havarie

In dem Manuskript für ein kurzgefaßtes Lebensbild Wilhelm Bauers [84], das zum Teil von Dr. Friedrich Hofmann, der als Freund Bauers seit 1859 dessen Ideen und Erfindungen in der Presse der damaligen Zeit vertrat, redigiert ist, findet man den folgenden Satz: »Der Apparat wurde in diesem wesentlich unfertigen Zustand am 18ten Dezember 1850 an einer ins Eis gehauenen Stelle des Hafens von Kiel in die See gesetzt, weil die österreichischen und preußischen Truppen als Interventionskorps gegen Schleswig-Holstein anmarschierten, und Bauer nicht wollte, daß derselbe ohne praktische Versuche in die Hände Dänemarks falle.« Dieser Satz erklärt mit wenigen Worten die Vorgänge um den Kieler »Brandtaucher«, auf die Bauer in späteren Jahren immer wieder zurückkommt. Dieser Mißerfolg mit seinem ersten Tauchboot verfolgte ihn sein Leben lang, und immer wieder versuchte er sich für seinen gescheiterten ersten Tauchversuch mit dem »Brandtaucher« zu rechtfertigen.

Die äußere Gestalt des »Brandtauchers« gleicht nahezu einem ganz normalen Schiffskörper, wie er für die Schiffahrt über Wasser verwendet wird. Durch den Querschnitt in der Form eines Rechteckes mit einer Höhe von etwa 2,80 m und der Breite von 2 m war das Boot in aufrechter Lage nicht schwimmfähig. Aber auch durch die Massen des Triebwerks und der anderen Einbauten lag der Gewichtsschwerpunkt über dem Verdrängungsschwerpunkt. Ohne einen Ballast von mindestens 6 bis 7 Tonnen wäre das Boot gekentert. Um eine normale Schwimmlage zu erreichen, wurden im »Brandtaucher« 20 Tonnen Roheisen, damals auch Baumeisen genannt, als fester Ballast verstaut. Dadurch entstand für die Überwasserfahrt eine stabile Schwimmlage bei einer metazentrischen Höhe von etwa 0,65 m. Mit dem 500 kg schweren »Direktionsgewicht« wollte Bauer über die Lastigkeit dynamisch die Tiefe steuern. Dieses Verfahren wurde auch in späteren Zeiten für die Tiefensteuerung von Unterseebooten angewandt. Jedoch scheint Bauer nicht bedacht zu haben — und niemand konnte es ihm sagen, denn Erfahrungen mit Tauchbooten waren damals nicht vorhanden —, daß sein Boot nach dem Untertauchen sich ganz anders verhalten würde. Die formstabile Schwimmlage über Wasser veränderte sich plötzlich in die einer Gewichtsstabilität unter Wasser. Weil bei der Fahrt unter Wasser die Schwimmlinie der Überwasserfahrt fehlt, ist die Stabilität in der Längsrichtung ebenso klein wie in der Querachse. Hätte Bauers Boot die ursprünglich vorgesehenen Ballasttanks oder nach den heutigen Begriffen Tauchzellen gehabt, so wäre ihm wahrscheinlich die Beherrschung der sehr geringen Längsstabilität unter Wasser möglich gewesen. Vermutlich wurden diese Tanks nicht eingebaut, weil dafür das notwendige Geld fehlte. Wegen dieses Mangels ließ Bauer die zur Vernichtung des Restauftriebs notwendige Wassermenge freiflutend in die Bilge des »Brandtauchers« laufen, um das Boot

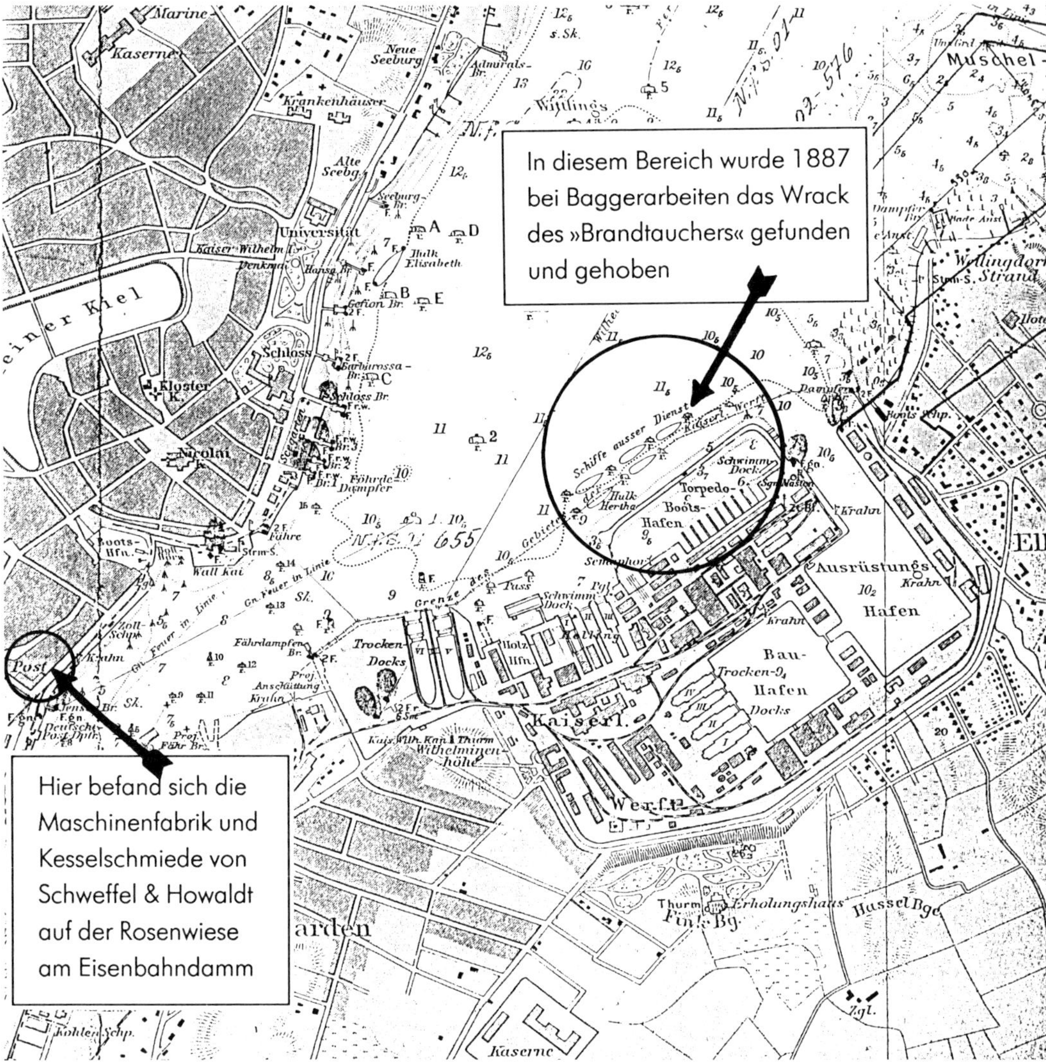

Bild 21: »Der Kieler Hafen«.

zum Tauchen zu bringen. Ewigen physikalischen Gesetzen gehorchend lief das Wasser an der tiefsten Stelle zusammen und vergrößerte die Lastigkeit, die auch durch ein Verschieben des »Direktionsgewichtes« nicht zu beseitigen war. Mit einer Achterlastigkeit von etwa 28° bis 34° ging der »Brandtaucher« innerhalb von wenigen Minuten auf den Grund des Kieler Hafens.

Nach Bauers Bericht vom 15. Februar 1851 ist die Havarie des Bootes in einer Tiefe von 30 Fuß, das sind etwa 8,6 m erfolgt. Diese Angaben sind aber bedingt durch die starke Achterlastigkeit des Bootes, die fehlende Definition der Tauchtiefe, die Ungenauigkeit des Dampfkessel-Manometers, das als Tiefenmesser verwendet wurde, und anderer Einflußgrößen wenig zuverlässig. Nach angestellten Berechnungen war die Querfestigkeit des Bootskörpers bereits bei Überwasserfahrt, also im aufgetauchten Schwimmzustand nicht ausreichend [85], so daß wahrscheinlich in diesem Zustand bereits plastische Verformungen aufgetreten sind. Durch das in das Innere des Bootes eingelassene Ballastwasser von 2,76 Kubikmetern verkleinerte sich das ursprüngliche Luftvolumen von 26,50 Kubikmeter auf 23,74 Kubikmeter. Dadurch entstand ein Überdruck von 0,117 kp/cm2, das entspricht einer Wassersäule von 1,17 m. Dieser Druck im Bootsinneren wirkte dem äußeren Wasserdruck entgegen und entlastete dadurch in einem gewissen Maße die Bauteile des »Brandtauchers«. Das wiederum hatte eine gewisse Vergrößerung der erreichbaren Tauchtiefe zur Folge. [85]

Die schwächsten Bauteile in der Konstruktion des »Brandtauchers« waren die Spanten des Bootes, deren Tragvermögen, nach den Untersuchungen und Berechnungen bei der Rekonstruktion, schon bei einer Tauchtiefe von 4,65 m überschritten wurde. Da die Durchbiegung der Spanten über die Umlaufbalken durch die Treträder abgefangen wurde, wobei das Backbord-Tretrad brach, lag die Ursache für den Bruch des Bootskörpers in der plastischen Tragfähigkeit der Spanten. Bei einer Tauchtiefe von etwa 5,60 m über Unterkante Kiel wird wahrscheinlich der erste Wassereinbruch erfolgt sein, dadurch verlor das Boot seine Funktionsfähigkeit. Die Ursache dafür war offensichtlich nicht ein Bruch der Platten der Außenhaut, sondern durch die plastischen Verformungen des Bootskörpers sind Nieten abgerissen, wodurch sich die Nietnähte teilweise öffneten und Wasser in das Bootsinnere strömte. Nach den im Zusammenhang mit der Rekonstruktion angestellten Berechnungen hätte die Außenhaut des Bootes einer Tauchtiefe von 11 m, also dem von Bauer angestrebten Ziel widerstanden. Durch das eindringende Wasser entstand ein Ausgleich zwischen dem äußeren Wasserdruck und dem Druck im Inneren des Bootes, dadurch wurde bei einem weiteren Sinken die völlige Zerstörung des Bootskörpers vermieden.

Der »Brandtaucher« war das erste eiserne Schiff, das in Kiel gebaut wurde. Es entsprach nach den Gedanken seines Konstrukteurs und Erbauers durchaus richtigen und auch heute noch gültigen Prinzipien. Offensichtlich wurden aber von Bauer von Anfang an der Abstand der Spanten zu groß und deren Abmessungen zu gering dimensioniert. Auch war die Form des Bootsquerschnittes zur Last- und Momentenaufnahme weniger gut geeignet als eine mehr dem Kreis angenäherte Form. Wahrscheinlich hätte aber die von ihm

Bild 22: Wilhelm Bauer und Friedrich Witt am 2. Februar 1851.

gewählte Konstruktion ausgereicht, um in geringer Tiefe unter Wasser zu fahren.

Die eigentliche Ursache für den Verlust des Bootes am 1. Februar 1851 ist in dem Fehlen der »Ballastzylinder«, der Tauch- und Regelzellen zur Vernichtung des Restauftriebs, zu suchen. Durch die freie Wasseroberfläche, die nach der Einnahme des Ballastwassers im Boot entstand, und die geringe Längsstabilität, die eine Eigenart eines jeden getauchten Unterseebootes ist, geriet der »Brandtaucher« außer Kontrolle und in Wassertiefen, denen er nicht standhalten konnte. Eine Unterwasserfahrt, mit eincr größeren freien Wasseroberfläche im Boot, birgt Gefahren in sich, an denen auch in späteren Zeiten noch so manches Unterseeboot scheitern sollte.

Bild 22a: Der »Brandtaucher« im Jahre 1906 in Kiel verladen zum Transport mit der Eisenbahn nach Berlin zum Museum für Meereskunde.

Das weitere Schicksal und der Verbleib des »Brandtauchers«

Die Marine-Kommission bemühte sich aber weiterhin, um in den Besitz des gesunkenen »Brandtauchers« zu kommen. Nachdem schon früher ein Bergungsversuch unternommen wurde, der aber wegen schlechten Wetters eingestellt werden mußte, übersandte die Marine-Kommission am 2. Juli 1851 [86] dem Departement des Krieges ein Gutachten des Schiffbaukonstrukteurs v. Schirach. Gleichzeitig verwies sie auf das Angebot des Schiffers Boy Ohlsen aus Eckernförde für die Hebung des Bootes auf eigene Kosten gegen Vergütung der Hälfte des Wertes sowie auf die Schwierigkeiten durch die Tiefe des Wassers. Am 4. Juli 1851 beauftragte das Departement des Krieges die Marine-Kommission schriftlich nach »eigenen Ermessen das dieserhalb Erforderliche zu veranlassen«. [87] Doch die Versuche einer Hebung des »Brandtauchers« scheiterten ebenso wie die der dänischen Marine in den Jahren 1855 und 1856. Erst am 5. Juli 1887 gelang es das Boot zu heben.

Nachdem es auf der Kaiserlichen Werft gründlich gesäubert worden war, – man schnitt zu diesem Zweck auf jeder Seite zwei quadratische Löcher in die Außenhaut, die heute noch vorhanden sind –, wußte man wohl mit dem Boot nichts anzufangen. Anscheinend hatte man es vergessen oder wußte es niemand mehr, daß die Schleswig-Holsteinische Marine am 15. Februar 1851 den »Brandtaucher« im gesunkenen Zustande übernommen hatte. So hielt man das Boot für das Eigentum des am 20. Juni 1875 verstorbenen Submarine-Ingenieurs Wilhelm Bauer. Seine Witwe lebte noch und wohnte in München in der Klenzestraße 26/III. Ihr sprach man als Erbin das nach 36 Jahren gehobene Wrack des ersten deutschen Tauchbootes zu, mit der Bemerkung, recht bald darüber zu verfügen.

Persönlich konnte Frau Sophie Bauer mit dem Boot nichts anfangen und in ihrer Not schrieb sie am 5. Dezember 1887 an den Prinzregenten Luitpold einen Brief [88], mit dem sie seine Hilfe erbat: »Königliche Hoheit, was soll ich arme Wittwe mit dieser Eisenlast anfangen? Das einzige was mir möglich wäre, das Boot als altes Eisen loszuschlagen, drückt mir schon als bloßer Gedanke das Herz nieder. Es haben sich zwar Spekulanten gefunden, welche das Boot als Schaustück in der Welt herum fahren und für Geld sehen lassen wollen, aber schon der Preis, den sie mir dafür boten, ist ein solcher, daß er mir klar zeigt, wie man gegen eine arme Wittwe verfahren zu können glaubt, die ohne höheren Schutz dasteht.«

Sie bat, das Boot mit den noch vorhandenen Modellen Wilhelm Bauers zu vereinigen und dafür ein Museum zu stiften, »das gegen eine bescheidene Pension für die allerunterthänigste Unterzeichnete in Staats Eigenthum überginge, so wäre damit mein und meines sel. Mannes höchster und letzter Wunsch erfüllt.« Weiterhin äußerte sie die Bitte, dem deutschen Kaiser diese Angelegenheit zur Entscheidung vorzutragen.

Der Prinzregent Luitpold ließ diesen Brief am 10. Dezember 1887 weiterleiten an das kgl. Staatsministerium des königlichen Hauses und des Äußeren mit der Bemerkung »zur thunlichsten Berücksichtigung«. Dort wurde man am 19. Dezember 1887 tätig [89] und schrieb an die Generaldirektion der Staatl. Eisenbahnen und an das kgl. Kriegministerium zur Kenntnisnahme, um die Kosten und Bedingungen für einen Eisenbahntransport des Bootes von Kiel nach München zu ermitteln. Am 10. Januar 1888 schrieb die Kaiserliche Werft in Kiel, mit Unterschrift des damaligen Werftdirektors Kapitän zur See Koester, [90] »An die Generaldirektion der Königlich Bayerschen Staatseisenbahnen Bau-Abteilung München« einen Brief mit dem eine Skizze des Bauerschen Bootes übersandt wurde. [91] Gleichzeitig wird von der beabsichtigten Zerlegung des Bootes für den Transport abgeraten, da die Kosten dafür »in keinem Verhältniß zu dem wirklichen Werth des Fahrzeugs, welches nur als Wrack zu betrachten ist und daher den Werth alten Eisens repräsentiert, stehen würden.«

»Das Gewicht des Fahrzeugs mit seinen Einrichtungen wird sich auf circa 7200 kg., dasjenige des losen Ballastes nach Schätzung auf circa 20000 kg. stellen.«

Folgt man den Bleistiftvermerken auf diesem Schreiben, so sollten sich die Transportkosten von Kiel nach Lindau für das »Schiff« mit einem Doppelwagen zu 368 Mark und für 20000 kg Alteisen zu 474 Mark, also auf insgesamt 842 Mark belaufen. Das war eine erhebliche Summe Geldes in der damaligen Zeit. Warum man auch die 20 Tonnen Ballasteisen von Kiel nach Lindau transportieren wollte, ist nicht so ohne weiteres zu verstehen. Vielleicht wollte man in Kiel den ganzen Kram los werden, mit dem man ohnehin nichts anzufangen wußte. Jedoch muß irgend etwas die Kaiserliche Werft davon abgehalten haben, das Wrack einfach zu verschrotten. Möglich und rational wäre letzteres gewesen, doch so blieb der Nachwelt dieses frühe Objekt der Tauchboot-Technik erhalten.

Nach einem Bericht des Vorstandes der Bauabteilung der kgl. bayer. Staatseisenbahnen, des kgl. Direktors Gysling, vom 23. Januar 1888 [92], war am 13. Januar 1888 mit der Witwe Bauer verhandelt worden. Sie war aber nicht in der Lage, eine bestimmte Forderung zu stellen und gab nur an, daß sie ein monatliches Gnadengehalt von 35 Mark beziehe, das aber aller drei Jahre neu bewilligt werden müsse und das sie in einen ständig gesicherten Bezug verwandelt wissen wolle. Wegen aller anderen Fragen müsse sie sich erst mit ihrem ständigen Beirat Dr. Hofmann in Leipzig in Verbindung setzen. Sie erbat sich dafür eine Frist von acht Tagen.

Am 17. Januar 1888 erteilte der »Freund und Gevatter« Dr. Friedrich Hofmann [93] »in alter Treue« der Witwe Bauer den Rat, sie solle, wenn sie nach einem Preis gefragt wird, um eine jährliche Pension von 450 Mark bitten oder um eine Abfindung von 5000 Mark, letztere aber nur wenn ihr das bisher bewilligte monatliche Gnadengehalt von 35 Mark nicht entzogen wird.

Weiterhin schätzte der kgl. Direktor »daß das Boot mit Einrichtungen circa 7200 kg an Schmied- und Walzeisen, der Ballast, circa 20000 kg wahrscheinlich meistens Gußeisen, wiegt und der Werth als Altmaterial 1500 Mark nicht erreichen dürfte.« Als einen geeigneten Aufstellungsort schlug er die »Centralwerkstätte München« als »Annex des Eisenbahnmuseums« vor. Die Kosten für den Transport und die Wiederaufstellung des Bootes schätzte er auf 1500 bis 2000 Mark.

Am 29. Februar 1888 drängte die Kaiserliche Werft in Kiel nochmals auf einen baldigen Versand des Bootes. [94] Inzwischen hatte man auch dem kgl. bayer. Kriegministerium eine Übernahme des »Brandtauchers« in das Armeemuseum vorgeschlagen. Mit Bedauern lehnte dieses am 26. April 1888 ab. Die dafür erforderlichen Geldmittel waren nicht vorhanden, und außerdem wäre das Objekt der Marine ein Fremdkörper in der Darstellung der Geschichte des bayerischen Heeres gewesen. [95]

Am 29. Mai 1888 berichtete das Staatsministerium des königlichen Hauses und des Äussern dem Prinzregenten Luitpold abschließend über den Stand der Angelegenheit und erbat sich die »Allergnädigste Ermächtigung ... eine von der Wittwe Bauer in zweiter Reihe beabsichtigte Eingabe an seine Majestät den Deutschen Kaiser durch die k. Gesandtschaft in Berlin an zuständiger Stelle abgegeben und unterstützen lassen zu dürfen.« Prinzregent Luitpold erteilte am 31. Mai 1888 die erbetene Ermächtigung. Frau Bauer erhielt einen schriftlichen Bescheid und am 9. Juni 1888 übersandte das Staatsministerium des königlichen Hauses und des Äussern der kgl. bayer. Gesandtschaft in Berlin das Bittgesuch der Witwe Bauer an seine Majestät den deutschen Kaiser. [96]

Im Jahre 1890 wurde der »Brandtaucher« in Bremen auf der Nordwestdeutschen Ausstellung gezeigt. »Das schwarze, oben aufgeborstene Seeungethüm war vor der Marinehalle aufgestellt, wo es die Aufmerksamkeit aller Besucher erregte.« [97] Einige Jahre stand das Boot in der Kaiserlichen Werft in Kiel. Kaiser Wilhelm II. hatte inzwischen die Eigentumsverhältnisse regeln lassen, dann wurde es im Garten der Marine-Akademie in Kiel am Düsternbrooker Weg aufgestellt.

Nachdem in Berlin in der Georgenstraße das Museum für Meereskunde errichtet worden war, ließ der Kaiser anordnen, daß sämtliche nicht für Lehrzwecke benötigten historischen Gegenstände von allen Einheiten der Marine an das neue Museum abzugeben waren. Der »Brandtaucher« wurde mit der Eisenbahn von Kiel nach Berlin befördert und im Hof des Museums aufgestellt. Dort überstand er den Krieg und die Zerstörung des Gebäudes ohne größere, zusätzliche Schäden. [98]

Albert Röhr und Friedrich Jorberg versuchten, nach dem Abzug der die Museumsreste bewachenden sowjetischen Besatzungssoldaten, den »Brandtaucher« für das Deutsche Museum in München zu sichern. Doch dieses Vorhaben wurde durch den Magistrat von Ost-Berlin mit dem Bescheid, daß »wertvolles Volksvermögen nicht nach Westdeutschland gebracht werden darf« verhindert. [99]

Bild 23: Zustand des »Brandtauchers« im Museum für Meereskunde im Jahre 1906.

Bild 24: Das Innere des »Brandtauchers« nach der Hebung 1887.

Die Rekonstruktion des »Brandtauchers«

Im Jahre 1950 nahm der damalige Dekan der Schiffbautechnischen Fakultät an der Universität Rostock, der Professor Theodor Macklin [100], Verhandlungen über den »Brandtaucher« mit dem früheren Muscum für Meereskunde auf. Kurz vor dem Abriß der letzten Gebäudereste des im Krieg erheblich zerstörten Museumsgebäudes an der Georgenstraße in Berlin überführte man Ende des Jahres 1951 das Boot auf einem Tieflader auf dem Straßenwege nach Rostock. Dort wurde es auf dem Hof der Schiffbautechnischen Fakultät an der Parkstraße, dem Gelände der Gewerbeschule, aufgestellt. Um den »Brandtaucher« vor den Einflüssen der Witterung zu schützen, wurde aus Holz eine Überdachung mit einer heruntergezogenen, seitlichen Verschalung gebaut. Außen war der stark verwitterte Bootskörper hellgrau gestrichen. Die Innenseite und alle eisernen Ausrüstungsteile waren mit einem Mennigeanstrich versehen.

In den Jahren von 1952 bis 1954 nahm der cand. ing. arch. nav. Hans-Georg Bethge, der damalige Hilfsassistent von Professor Macklin, unter dessen Anleitung eine erste, eingehende Feststellung des Zustandes des Bootes vor. Weitergehende Arbeiten, um die Reste des »Brandtauchers« in einen museumswürdigen Zustand zu versetzen, konnten nicht vorgenommen werden, da eine Finanzierung des Vorhabens durch übergeordnete Stellen versagt blieb.

Bis zum Jahre 1956 ruhten die Arbeiten. Doch dann untersuchte Dipl.-Ing. Bethge, nun Assistent am Institut für praktischen Schiffbau in Rostock, in Zusammenarbeit mit Professor Macklin das Wrack des »Brandtauchers« erneut. Der Arbeitsaufwand blieb gering, aber es kamen die ersten Gedanken auf für eine Restaurierung oder Rekonstruktion unter der Verwendung erhaltener und brauchbarer Originalteile. Zu dieser Zeit entstanden auch Kontakte zu Friedrich Jorberg in Berlin-Lichterfelde, die sich aber für beide Seiten sehr schwierig gestalteten, bedingt durch die politischen Verhältnisse der damaligen Zeit. Durch den Tod von Professor Macklin im Jahre 1958 wurden diese bereits vorgenommenen Vorarbeiten unterbrochen und eingestellt.

Doch dann erhielt 1960 der Chef der Volksmarine vom Ministerium für Nationale Verteidigung der DDR eine aufsehenerregende Information über den »Brandtaucher«. Es war die Rede vom Interesse einer Gruppe in der Bundesrepublik Deutschland an dem Wrack, und es wurde auch von der Absicht einer Überführung in das Deutsche Museum zu München gesprochen. Diese Nachricht lenkte nun die Aufmerksamkeit der Leitung der Volksmarine auf dieses erste deutsche Unterseeboot. Dabei wurde der Marineleitung auch bekannt, daß H.-G. Bethge sich bereits seit geraumer Zeit intensiv mit dem »Brandtaucher« beschäftigt hatte. Nach einer Beratung entschied das

Ministerium für Nationale Verteidigung, daß das Wrack des Bootes in der DDR verbleibt und eine Überführung nach Westdeutschland ausgeschlossen ist. Nun erhielt H.-G. Bethge den Auftrag für ein Gutachten, in dem der Zustand des Wracks festgestellt werden sollte und die Bedingungen für eine Restaurierung oder Rekonstruktion zu untersuchen waren.

In den Jahren 1960 bis 1963 erfaßte er in nebenberuflicher Arbeit exakt den Zustand des »Brandtauchers« und schuf die zeichnerischen und konstruktiven Unterlagen für die späteren Arbeiten eines Neuaufbaues. Die Untersuchungen des stark beschädigten und verfallenen Objektes führten zu den folgenden, für die späteren Maßnahmen sehr wichtigen Erkenntnisse:

— Eine öffentliche Ausstellung des »Brandtauchers« im vorgefundenen Zustand ist nicht zweckmäßig, denn sie vermittelt dem Betrachter keine unmittelbare Information über die Funktion des Tauchbootes.

— Durch den stark verwitterten und korrodierten Zustand der Außenhaut, der Spanten, des Kiels und der hölzernen Stringer wird der Transport in ein Museum, ohne weitere erhebliche Schäden, nicht möglich sein.

Nach diesen Feststellungen wurde H.-G. Bethge der Auftrag erteilt, Verhandlungen mit einer geeigneten Werft aufzunehmen, um die Rekonstruktion durchzuführen. Das führte zu einem Vertrag zwischen dem Kommando der Volksmarine und der Schiffswerft Neptun in Rostock [101]. Die Arbeiten begannen am 18. September 1963 und wurden mit dem Ende der Rekonstruktion am 14. August 1965 abgeschlossen.

Bereits zu Beginn der Aufmeßarbeiten im Jahre 1956 erfolgten die ersten Untersuchungen des »Brandtauchers«. Der vorgefundene Zustand ermöglichte keine genaue und exakte Trennung der einzelnen Schäden sowie eine Zuordnung der Zeitpunkte ihres Entstehens. Ohne spekulative Annahmen konnte nicht genau zwischen den Schäden unterschieden werden, die beim Untergang im Jahre 1851, bei der Hebung 1887 sowie der Aufstellung im Freien bis 1906 oder durch Kriegs-, Witterungs- und andere Einflüsse danach entstanden sind. [102]

Der gesamte Bootskörper befand sich im Jahre 1956 in einem sehr schlechten Zustand. Eine Erhaltung der deformierten und stark korrodierten Platten und Profile des Schiffskörpers war nach dem Gutachten der Fachleute nicht mehr möglich. An der Backbordseite war der Bootskörper stark deformiert.

Zwischen dem Spant 3 bis Spant 12 waren alle Spanten und die Außenhaut eingedrückt. Die Steuerbordseite hatte dagegen noch die ursprüngliche Form, abgesehen von einigen eingedrückten, aber örtlich begrenzten Stellen. Das Deck war im Bereich von Spant 0 bis Spant 3 in den Bootsrumpf hineingedrückt und ab Spant 3 bis etwa zum Spant 10 in der Mitte eingeknickt und nach unten gefaltet. Weiter nach vorn war kein Deck mehr vorhanden. Die gesamte Kopfsektion einschließlich der Bullaugen und des Luks fehlten. Wahrscheinlich wurde sie in den 36 Jahren von 1851 bis 1887, während der »Brandtaucher« auf dem Grunde des Kieler Hafens lag, von ankernden Schiffen oder bei Hebeversuchen abgerissen und gingen verloren. Die Platten der Außenhaut waren besonders an der Backbordseite äußerst stark korrodiert und wiesen großflächige Zerfallserscheinungen auf, bei denen die Stahlplatten in einen Zustand übergegangen waren, der ein Aussehen und die Eigenschaften von Blätterteig hatte. Ein Teil der Stellen, an denen sich bereits Löcher gebildet hatten, war mit Segeltuch überklebt, das man mit grauer Farbe überstrichen hatte. Die Nietverbindungen zwischen der Außenhaut, der Decksbeplattung und den Spanten waren in vielen Fällen durch die Korrosion gelöst.

Es war aber möglich, an verschiedenen Stellen der Steuerbordseite die verbliebene Dicke der Außenhaut mit Ultraschall zu messen. Die ermittelten Werte schwanken zwischen 3,0 und 6,3 Millimetern. Berücksichtigt man die Abtragung durch die Korrosion, so kann eine ursprüngliche Plattenstärke von 6 Millimetern angenommen werden. Das ist die gleiche Stärke, wie sie Bauer der Kommission mit ¼ Zoll am 9. April 1850 bei der Vorstellung seines Modells vorgeschlagen hatte. Der Kiel und die Spanten waren zum Teil erheblich zerfallen, während der Vorsteven und die Hinterstevenplatte relativ gut erhalten waren. Die vollständig vorhandene Antriebsanlage mit den großen Treträdern hatte an einigen Teilen Brüche und Korrosionen. Am Backbord-Tretrad waren alle Speichen von der Nabe getrennt, so wie es Bauer in seinem Bericht vom 15. Februar 1851 beschrieben hat. Von der Schiffsschraube waren alle Flügel abgebrochen.

Die Trimmeinrichtung war ebenfalls in allen Teilen vollständig vorhanden, wenn auch beschädigt und teilweise stark verwittert. Von der Ruderanlage fehlten, außer dem Lagerbock, dem Kegelrad und der Welle im Bereich der Kopfsektion, keine Teile. Jedoch waren auch an diesen Teilen viele Beschädigungen festzustellen. Die beiden Lenzpumpen waren in einem relativ guten, wenn auch überholungsbedürftigen Zustand erhalten, aber es fehlten die Ansaugeleitungen und Saugkästen. Das Hauptflutventil war beschädigt vorhanden, ebenso der Hahn für den Tiefenmesser (Manometer). Vom Ventil der Feinregulierung des Flutwassers fehlten der Einlaßhahn und das Rohr. Holzeinbauten, Podeste, Treppen sowie die Luft-Regenerieranlage waren nicht mehr vorhanden. Vermutlich wurden diese Teile nach der Hebung im Jahre 1887 bei der Herausnahme der 20 Tonnen Ballasteisen und der Reinigung des Bootes entfernt.

Der stark zerstörte Bootskörper des »Brandtauchers« sowie die stark deformierten Platten der Außenhaut, die korrodierten Spanten und die vielen anderen beschädigten Stahlteile ließen eine dauerhafte Konservierung und Erhaltung nicht zu. Da umfassende konservierende Maßnahmen für eine weiteren Aufbewahrung nicht möglich waren, wäre der Stahlkörper mit Sicherheit in absehbarer Zeit total zusammengebrochen. Um den »Brandtaucher« als einen wesentlichen und wichtigen Markstein einer technischen Entwicklung der Nachwelt zu erhalten, entschloß man sich, den gesamten Bootskörper völlig neu aufzubauen. Dabei diente das vorhandene Original als Vorbild, so daß eine getreue Rekonstruktion bis in die Einzelheiten der Vernietung möglich war.

Der Kiel, der Vor- und Hintersteven, die Außenhaut, die Spanten und die Decksbalken sowie die Winkelkonstruktion der Trimmanlage und des Flurbodens wurden nach den Abmessungen des Originals hergestellt und neu aufgebaut. Die Kopfsektion des »Brandtauchers«, auch als Turm bezeichnet, die ab Spant 12 nicht mehr vorhanden war, die aber das Ein- und Ausstiegsluk, die Bullaugen und die Öffnungen für die Guttapercha-Handschuhe [103] enthielt, wurde neu konstruiert und angefertigt. Als Vorbild für die Rekonstruktion dieses Teils dienten Zeichnungen, Skizzen und Fotografien aus Veröffentlichungen späterer Zeit sowie das im Deutschen Museum in München ausgestellte Modell des »Brandtauchers«, das im Jahre 1908 von Max Marx, dem Mechaniker des Instituts für Meereskunde in Berlin angefertigt wurde. [104]

Weiterhin bestand bei der Rekonstruktion die Annahme, daß der Führer des Tauchbootes das Steuer und die Trimmeinrichtung im Stehen bediente. Gleiches sollte für das Anbringen der Petarde am feindlichen Schiff gelten. Dabei wurde die Körpergröße Bauers berücksichtigt, die er in seinen »Erinnerungen« mit 5 Fuß und 2 Zoll, also etwa 1,60 m, für das Jahr 1840 angegeben hat, als er im Alter von 17½ Jahren in das 4. kgl. bayer. Chevauleger-Regiment in Augsburg eintrat. Tatsächlich dürfte Bauer im Jahre 1851 etwa 10 bis 11 Zentimeter größer gewesen sein, so wie es in den militärischen Akten der damaligen Zeit verzeichnet steht. [105] Durch diese Annahme, die sich wie ein roter Faden durch die gesamte Bauer-Literatur zieht, wurde bei der Rekonstruktion die Kopfsektion um etwa 45 cm zu hoch angenommen. Wahrscheinlich ist die Silhouette des aufgetauchten »Brandtauchers« im Original erheblich kleiner gewesen als bei dem rekonstruierten Boot. Wesentliche Teile der Antriebsanlage, der Trimmeinrichtung, der beiden Pumpen, einige Ventile und andere, kleinere Teile konnten nach einer Überholung oder Reparatur wieder verwendet werden. [106]

Am 16. August 1965 wurde der rekonstruierte »Brandtaucher« durch die Deutsche Reichsbahn mit einem Tieflader nach Potsdam überführt. Im damaligen Armeemuseum der DDR, das im Marmorpalais im Neuen Garten in Potsdam untergebracht war, wurde er als technisches Denkmal aufgestellt und im März 1972 in das jetzige Militärhistorische Museum in Dresden überführt. Seitdem ist das schwarze Boot dort ausgestellt und für die Öffentlichkeit zugänglich. Zur Information der Betrachter wurden gelegentlich aus dem unter der Regie von Selpin im Jahre 1942 gedrehten Film »Geheimakte W. B. I«, die Ausschnitte, die sich mit dem Untergang des »Brandtauchers« befassen, jedoch ohne den Original-Ton vorgeführt. Auf eine Initiative von Peter Tamm, dem damaligen Vorsitzenden der Axel Springer AG., wurde der »Brandtaucher« im September 1990 in Dresden ausgeliehen und auf einem Tieflader nach Hamburg transportiert. Das Boot konnte dort im Oktober und November 1990 auf zwei Fachausstellungen besichtigt werden. [107] Im Sommer 1992 wurde der »Brandtaucher« in Genua auf der Weltfachausstellung »Christoph Columbus« gezeigt als Teil des deutschen Beitrages »Horizonte«.

Die Bedeutung des »Brandtauchers« für die Entwicklung der Unterseeboote

Der Traum der Menschen, wie ein Fisch in die Tiefen des Meeres hinabzutauchen und hinunterzufahren, ist wahrscheinlich ebenso alt wie der Traum vom Fliegen wie ein Vogel. Aus der grauen Vorzeit der Geschichte erzählten Sagen und Märchen von Fahrten und Abenteuern in den Tiefen der Meere. So war das Tauchboot in den Zeiten vor Bauer eigentlich schon lange keine reine Utopie mehr. Untersucht man dagegen die Berichte über die Tauchboote der neueren Zeit und ihre Fahrten, so scheinen viele Projekte an der Mißachtung physikalischer Gesetzmäßigkeiten gescheitert zu sein. Andere bewegten sich als Überflutungsboote ganz dicht an der Wasseroberfläche, und einige existierten anscheinend nur auf dem Papier oder waren reine Phantasiegebilde.

Cornelius Drebbel, Denis Papin, David Bushnell, Robert Fulton sind Namen von Erfindern, die sich vor Bauer mit Tauchbooten beschäftigten. Ob er von Ihnen wußte und ob ihm ihre Erfindungen schon während seiner Kieler Zeit bekannt waren, weiß man nicht. Jedenfalls ist in Bauers Aufzeichnungen nichts davon zu lesen. Seine beachtliche technische Begabung, fast ist man geneigt, sie genial zu nennen, obwohl er nur Drechsler gelernt hatte, die Ausbildung zum Mechaniker scheiterte an dem hohen Lehrgeld, ließ ihn Lösungen bei der Konstruktion von Tauchbooten und anderen Erfindungen der Submarine finden, die beachtlich und teilweise völlig neu waren.

Während der Bauzeit des »Brandtauchers« in der Maschinenfabrik von Schweffel & Howaldt hatte es Bauer nur mit dem Baukomitee zu tun, das in der Hauptsache der Subskription vom 7. September 1850 vorstand. Er war der Konstrukteur, plante den Bau und führte die Aufsicht bei der Ausführung seines Tauchbootes und arbeitete wohl auch selbst mit. Bedingt durch die Ereignisse der damaligen Zeit und die nahezu aussichtslose militärische Lage um die Jahreswende 1850/51 in Holstein, stand das Projekt des »Brandtauchers« unter einem erheblichen zeitlichen Druck und litt unter finanziellen Schwierigkeiten.

Angefangen bei Bauers Brief an seine Eltern vom 23./24. Januar 1851 [44] bis zu den Zeugnissen des Prof. Gustav Karsten und des Hauptmanns Amynt Liebe vom 20./21. Februar 1851 [71] wird immer wieder erwähnt, daß »in dem ursprünglichen Projekte manche bei der späteren Ausführung als nothwendig erkannte Maschinentheile fehlten« und »leider standen bei der Ausführung der Erfindung nicht solche Geldmittel zu Gebote, welche das Schiff nach dem Projekte zu erbauen gestattet hätten, vielmehr mussten um Kosten zu sparen, wichtige Theile des Apparates durch andere, einfachere, aber auch ungenügendere ersetzt werden. Diesem Umstande allein ist das am 1. Februar d. J. erfolgte Verunglücken des Schiffes zuzuschreiben.« [71]

Von allen Seiten wurde ihm die technische Richtigkeit und Ausführbarkeit der Erfindung des Tauchbootes nach seinem Projekt bescheinigt, das dann,

Bild 25 bis 28: Der »Brandtaucher« in der Ruine des Museums für Meereskunde in Berlin und der Transport des Bootes von Berlin nach Rostock.

wenn es nach seinem Plan gebaut wäre, völlig dem geplanten Zweck entsprechen würde. Jeder hob seine tadellose und ehrenhafte Führung hervor, lobte seine Zuverlässigkeit, seine Kenntnisse und Befähigungen, die den Stand und das Niveau seiner ihm zuteil gewordenen Ausbildung weit übertrafen. Das Baukomitee schrieb: »daß wir von gegründeter Hoffnung beseelt sind, daß die Bauer'sche Erfindung nicht ohne großen Erfolg verwirklicht werden wird, umso mehr, als Herr Bauer für seine Erfindung Alles zu opfern bereit ist.« [70] Damit wird Bauer bestätigt, daß er am 1. Februar 1851 sogar unter dem Einsatz seines Lebens bereit war, die Tauchfähigkeit des von ihm erfundenen, konstruierten und unter seiner Leitung erbauten »Brandtauchers« zu beweisen.

Obwohl Bauers Erfindung eines Tauchbootes nach den Gesetzen der Physik völlig richtig war, brachten die Mängel in der Ausführung des Bootes ihn und seine helfenden Gefährten in die gefährliche Nähe eines sicheren Todes. Bedingt waren diese Mängel hauptsächlich durch das Fehlen der nötigen Geldmittel für ihre Beseitigung und die Umstände der damaligen Zeit in Schleswig-Holstein.

Nach der Auflösung der schleswig-holsteinischen Armee am 1. April 1851, kehrte Bauer, der nie Angehöriger der Schleswig-Holsteinischen Marine war, im April 1851 nach München zurück. Dort begann er sofort mit der Konstruktion eines neuen Tauchbootes und dem Bau eines weiteren Tauchbootmodells. Bei diesen Arbeiten, die durchaus als logisch und folgerichtig, aber auch als ingenieurmäßig bezeichnet werden können, berücksichtigte er alle in Kiel gewonnenen Erfahrungen und Erkenntnisse aus den Versuchen mit dem »Brandtaucher«. Weitere Konstruktionen folgten, die ihm in England patentiert wurden, und in den Jahren 1855/56 in Rußland zu einer erfolgreichen Realisierung seiner Idee eines Tauchbootes führten.

Die ausführliche Beschreibung vom 20. Oktober 1856, in der die Ergebnisse der Tauchversuche auf der Reede von Kronstadt zusammengefaßt sind, die unterzeichnet ist von dem Kapitän 1. Ranges Baron Taube, dem Schiffsingenieur Stabskapitän Tierenstein und den Ingenieurmechanikern Leutnant Schanin und Oberleutnant Jurjew, endet mit der Feststellung: »Zum Schluß läßt sich sagen, daß die Idee des Unterseebootes vollständig verwirklicht worden ist, aber das Ziel seiner Erbauung in der Praxis bei weitem noch nicht erreicht ist. Da aber die Versuche erwiesen haben, daß die Hauptelemente der Aufgabe gelöst worden sind, so kann man bei einer Vervollkommnung der Bootskonstruktion auf einen unvergleichlich besseren Erfolg der Unterseefahrt hoffen.« [108]

Der englische Marineschriftsteller Alan H. Burgoyne schrieb über Wilhelm Bauer: »We now come to the most persistent inventor to be found in the whole history of submarine navigation; I refer to Wilhelm Bauer. Bauer was a turner by trade, and carried on his business at Dillingen, and the Germans have right on their side in boasting that their country bred the man who did more in searching a solution of the submarine navigation problem than any other inventor.« [109]

Wenn es auch nicht ganz korrekt ist, daß Bauer seinen Beruf als Dreher in Dillingen ausübte, so ist Burgoyne doch der Meinung, die auch nach heutigen Erkenntnissen noch vollkommen richtig ist, daß Bauer der beharrlichste Erfinder in der Geschichte des Unterseebootes war. Von dem Recht Deutschlands, sich rühmen zu können, einen Mann hervorgebracht zu haben, der zur Lösung des Problems der unterseeischen Schiffahrt mehr beigetragen hat als irgend ein anderer Erfinder, ist bis heute nur noch wenig übrig geblieben.

Die seit der Jahrhundertwende um die Person Bauers einsetzende Bildung von Legenden trieb oft seltsame Blüten. [83] So besteht heute leider nur noch eine recht vage und schemenhafte Vorstellung, auch bei alten und jungen U-Bootfahrern, von diesem deutschen Erfinder des modernen Tauchbootes. Meist ist nur noch sein Mißerfolg von Kiel bekannt, dann verliert sich die Erinnerung im Dunkel der Vergangenheit. Dabei war Bauer der erste, der nahezu alle tauchtechnischen Einrichtungen, die auch heute noch für die modernsten Unterseeboote charakteristisch sind, bei seinen Tauchbootskonstruktionen benutzte. Neben Tauch- und Regelzellen wollte er anfänglich mit dem »Direktionsgewicht« (Trimmgewicht) über die Lastigkeit die Tiefe steuern, ging aber sehr bald zu den »Flossensteuern« (Tiefenrudern) über. Für die Messung der Tauchtiefe benutzte er neben Manometern ein Wasserstandsglas, dessen Prinzip später als »Papenberg« bekannt wurde. Sein russisches Boot hatte, neben einer Taucherschleuse, ein aktives Seitenruder, um den im Vertrag vorgeschriebenen Drehkreis einzuhalten. Für den Fall einer Havarie baute er nach den Erfahrungen von Kiel abwerfbare Ballastgewichte ein. Eine Einrichtung, die viel später noch bei U-Booten als abwerfbarer Ballastkiel vorhanden war.

In Rußland stellte Bauer intensive Versuche der Lufterneuerung und -regenerierung im getauchten Boot an. Bereits der »Brandtaucher« hatte eine Lufterneuerungsanlage mit schwimmenden Luftschläuchen, die mit dem Inventar der Werft der Schleswig-Holsteinischen Marine am 4. März 1852 an die Dänen abgeliefert wurden. Später verwendete Bauer ein ausfahrbares Luftrohr, also eine Art von Schnorchel. Bereits in seinem ersten Projektvorschlag ist enthalten, »congrevische Raketen« vom Tauchboot abzuschießen. [12]

Mit seinen Tauchbooten wollte Bauer nicht nur »unterseeische Zerstörungswerkzeuge«, also Maschinen und Geräte für kriegerische Auseinandersetzungen schaffen, denn bereits bei seinem ersten Projekt des »Brandtauchers« schlug er auch den Einsatz für friedliche Zwecke vor. Später führten diese Überlegungen zu der Entwicklung von Geräten mit denen er Unterwasserarbeiten und die Hebung gesunkener Schiffe durchführte. Bauer war der erste, der mit Hilfe von Auftriebskörpern ein gesunkenes Schiff gehoben hat. [110] Sein Hebeverfahren wurde ihm im Jahre 1860 in England patentiert. [111] Die Hebung des am 11. März 1861 im Bodensee gesunkenen Postdampfer »Ludwig« gelang ihm durch seine Methode mit großem Erfolg, wenn auch nach vielen Behinderungen.

Da Bauer von Anfang an wußte, daß der Antrieb seiner Tauchboote durch die mit Menschenkraft betriebenen Treträder völlig unzureichend war,

Bild 29: Der »Brandtaucher« im Jahre 1963 in Rostock auf der Neptun-Werft vor der Rekonstruktion. Der gesamte Bootskörper ist korrodiert und droht zusammenzufallen. Die quadratischen Löcher in den Seiten des Bootes wurden bereits im Jahre 1887 nach der Hebung zur besseren Reinigung des Bootsinneren eingeschnitten.

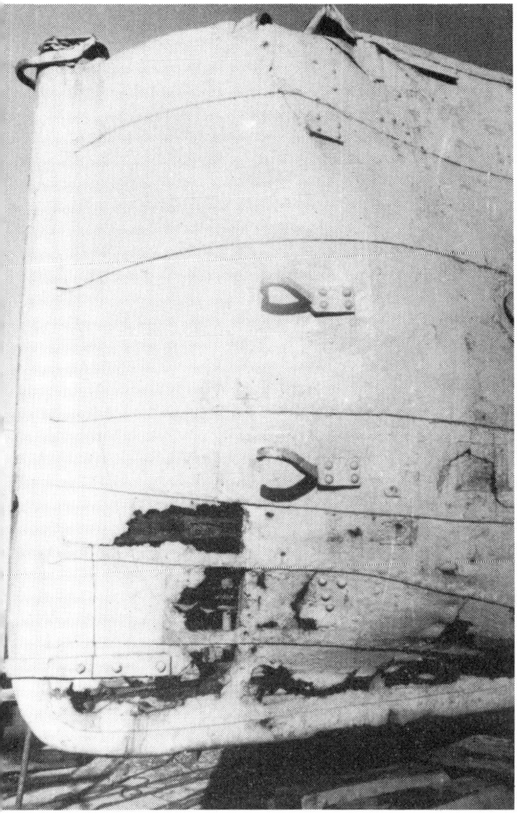

Bild 31: Die Backbordseite am Bug des »Brandtauchers« vor der Rekonstruktion.

Bild 32: Der zusammengebrochene Steuerstand des »Brandtauchers« 1963. Oben: Reste des bereits vor der Hebung im Jahre 1887 abgerissenen Kopfes. In der Mitte: Handrad und Gestänge zur Betätigung des »Direktionsgewichtes« (Trimmgewicht), Gestänge für das Ruder, Reste der vorderen Lenzpumpe.

◀ Bild 30: Der »Brandtaucher« ohne Kopf. Ansicht der Steuerbordseite. Das Boot wurde in der Zeit vom 18. September 1963 bis zum 14. August 1965 von Angehörigen der Betriebsberufsschule der Neptun-Werft in Rostock rekonstruiert nach den Zeichnungen von Dipl.-Ing. H.-G. Bethge.

beschäftigte er sich ständig mit geeigneten Antriebsmaschinen, konstruierte und führte Versuche und Experimente zu deren Realisierung aus. Diese Projekte umfassen sowohl einen Raketenantrieb, die Dampf- und Preßluftmaschine, den Wasserstrahlantrieb und die Gasmaschine, die man durchaus zwischen Lenoir und Otto einordnen kann. Die vielen Zeichnungen aus dem Nachlaß Wilhelm Bauers, leider sind sie ohne die notwendigen schriftlichen, technischen Erläuterungen, geben ein ziemlich umfassendes Bild von seiner rastlosen Erfindertätigkeit.

Über den Wert von Wilhelm Bauers Erfindungen urteilte am 26. März 1938 in einem Brief der Nestor des deutschen U-Bootbaus, Dr.-Ing. e. h. Hans Techel, den er an den Prof. Dr. C. Matschoss, den Leiter der Abteilung Technikgeschichte des Vereins Deutscher Ingenieure schrieb, nachdem er die Manuskripte und Zeichnungen aus dem Nachlaß Wilhelm Bauers kritisch durchgesehen hatte:

»Die Beurteilung der Erfindungen Bauers wird dadurch sehr erschwert, daß so gut wie kein Text vorhanden ist. Ich glaube aber, daß es doch möglich sein wird aus den Zeichnungen die Wirkungsweise der einzelnen Konstruktionen festzustellen.

Folgende Einzelheiten sind interessant:

1) Bauer scheint bei seinen Unterseebooten schon Räder, und zwar gut gefederte, vorgesehen zu haben, die es ermöglichen, daß das UBoot sich auf dem Meeresgrund fortbewegt, eine übrigens später nicht weiter verfolgte Idee, für die man bisher dem amerikanischen Konstrukteur Lake die Priorität zugebilligt hat.

2) Bauer hat sich sehr eingehend mit einem sehr eigenartigen Petroleummotor beschäftigt. Einige Zeichnungen lassen sogar vermuten, daß Versuche damit gemacht worden sind.

Die Idee ist die folgende:

Das explosive Gemisch wirkt auf Wasser. Das Wasser treibt eine Turbine, also Humphreys Gaspumpe kombiniert mit einer Turbine.

3) Ein Projekt scheint bereits doppelten Antrieb für Überwasser-Fahrt und Unterwasser-Fahrt zu besitzen, nämlich Dampfmaschinen für Überwasser-Fahrt, Pressluftmotor für Unterwasser-Fahrt. Stimmt dies, so wäre Bauer wohl der erste, der ein autonomes Unterseeboot projektiert hat.

4) Verschiedene Unterseeboote zeigen unter anderem ein hinteres Tiefenruder, Tauchpropeller, Querpropeller und andere Details, von denen ich bisher angenommen habe, daß sie später vorgeschlagen worden sind.« [112]

In England registrierte man für Bauer am 25. Mai 1853 unter der Nr. 1281 eine Patentschrift für einen »Hyponaut Apparatus«, die aber nicht bis zum »Great Seal« (Großen Siegel) weitergeführt wurde. Diese Schrift enthält u. a. Angaben über Tiefenruder, die Lufterneuerung mit Hilfe eines über die Wasseroberfläche ausfahrbaren Rohres (»Schnorchel«), den Antrieb durch einen von der Außenluft unabhängigen Gasmotor und die Verwendung des »Apparates« als Hilfsmittel für unterseeische Bauten, Rettungsmittel und zum Verlegen von Seekabeln. [113]

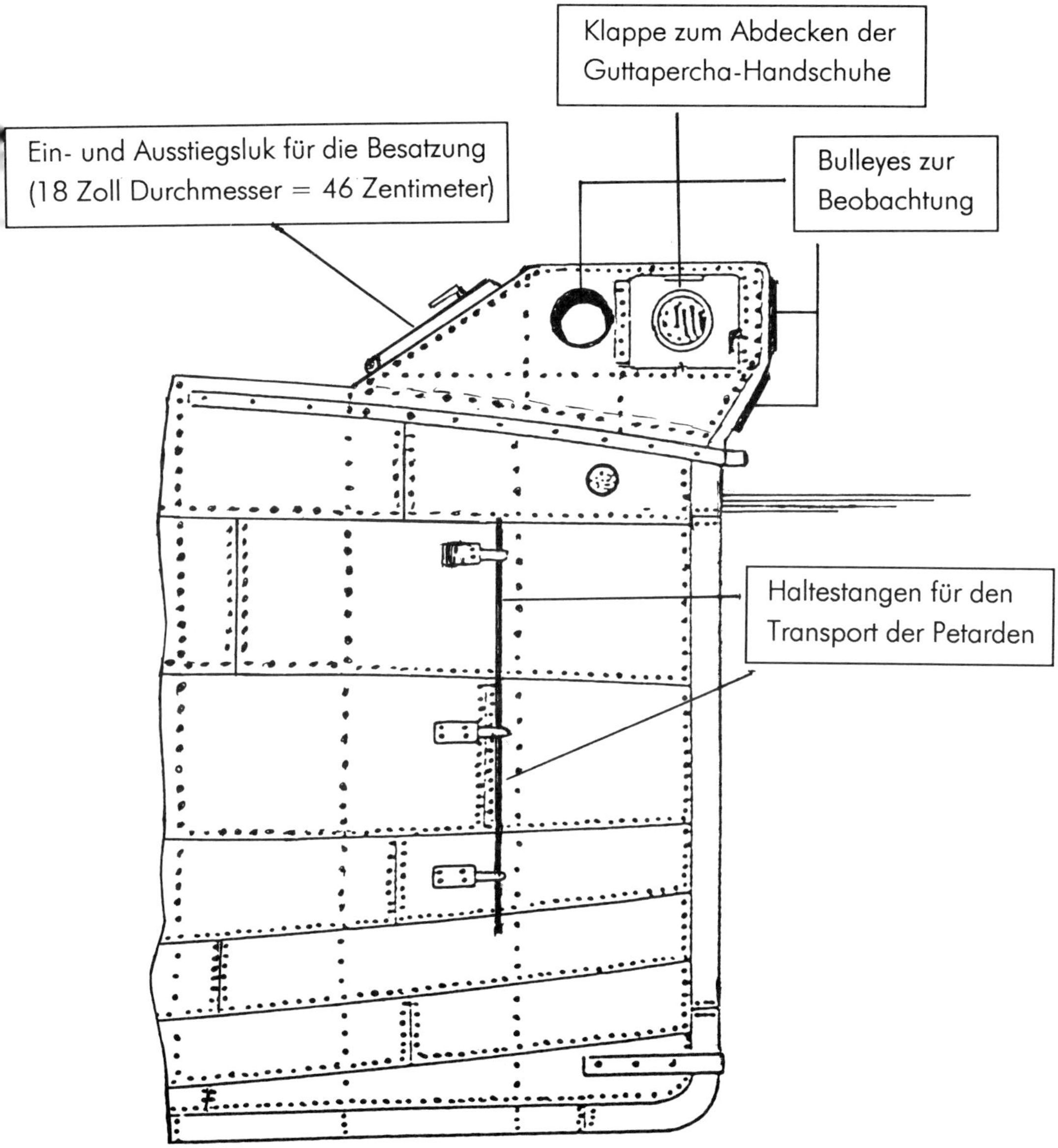

Bild 33: Silhouette des »Brandtauchers« mit korrigierter Kopfsektion.

Bild 34: Der »Brandtaucher« im Freigelände des Armeemuseums Potsdam im Jahre 1966.

Bild 35: Der »Brandtaucher« im Militärhistorischen Museum Dresden.

Bild 36: Der Steuerstand des »Brandtaucher« nach der Rekonstruktion. Links: Handrad für das Ruder. Mitte: Handrad für das Trimmgewicht. Rechts: Vordere Lenzpumpe.

Bild 37: Der durch Menschenkraft betriebene Antrieb des »Brandtaucher« mit umschaltbarem Getriebe.

Bild 38: Der »Brandtaucher« im Militärhistorischen Museum in Dresden. Bugansicht mit dem Kopf bzw. Turm.

Bild 39: Der »Brandtaucher« in Hamburg September/Oktober 1990.

Nachwort

Viele Gedanken, Ideen und Erfindungen eilen meist ihrer Zeit und den Möglichkeiten ihrer Realisierung voraus. Es kommt aber selten vor, daß sie trotz aller zukunftsweisenden Anwendungsmöglichkeiten zu spät kommen. Bauers »Brandtaucher« war ein Experiment, das weniger an seiner technischen Realität, dafür aber umso mehr an den Umständen der damaligen Zeit scheiterte. Die kriegerischen Auseinandersetzungen waren in Schleswig-Holstein schon lange beendet, und der Kampf um die deutsche Zukunft des Landes war verloren. In den anderen Ländern Deutschlands sprach man bereits vom »verratenen Bruderstamme«, da unternahm Bauer seinen ersten Tauchversuch. An der mangelhaften Ausführung des Bootes scheiterte er. Wie durch ein Wunder wurden die drei Männer vor dem sicheren Tode gerettet, ein Umstand, der offensichtlich der Kaltblütigkeit Bauers zu verdanken war. Zum ersten Mal kam die Besatzung eines gesunkenen Tauchbootes mit dem Leben davon, denn bisher hatten derartige Versuche meist tödlich für die Beteiligten geendet.

So war es Bauer möglich, seine Ideen, Erfahrungen und Vorstellungen bei der Konstruktion von neuen Tauchbooten weiter zu verfolgen. Damit wurde der Kieler »Brandtaucher« zum Ausgangspunkt der Entwicklung der modernen Unterseeboote, denn nach den Ereignissen in Kiel erschienen in vielen Zeitungen und Zeitschriften immer mehr Berichte und Veröffentlichungen über Bauers Tauchboot-Projekte und seine anderen Erfindungen. In den Jahren von 1859 bis zu Bauers frühem Tode im Jahre 1875 war der Journalist und Schriftsteller Dr. Friedrich Hofmann, der es verstand, auch mehr oder minder komplizierte technische Sachverhalte interessant und verständlich für den Leser zu beschreiben, der Freund Bauers und der Vertreter seiner Interessen in der deutschen Presse. In diesem Zeitraum erschienen die meisten der Artikel, die sich mit Bauers Erfindungen befaßten, in der polytechnischen Zeitschrift »Payne's Panorama des Handels und der Gewerbe« und in der Familienzeitschrift »Die Gartenlaube«, die damals in allen deutschsprachigen Ländern Europas und auch in Übersee gelesen wurde.

Für Wilhelm Bauer wurde das Erlebnis mit dem Kieler »Brandtaucher«, der damit verbundene Mißerfolg und das Unglück zu einem lebenslangen psychischen Trauma. Offenbar war die seelische Belastung, die in diesen Tagen auf ihn einwirkte, so groß, daß sie unterschwellig fortwirkte und er sie anscheinend nie bewältigt hat. Immer wieder kam er auf diese Ereignisse zurück, besonders in den Zeiten großer Anspannung, wenn er Mißerfolge, Rückschläge und große Enttäuschungen bei seinen Erfindungen und Projekten, aber auch persönlich und in der Familie zu erleiden hatte und über sich ergehen lassen mußte. Er suchte nach Erklärungen und Gründen für seine Rehabilitierung und Entschuldigung. Es ist verständlich, wenn Bauer die Schuldigen in seiner näheren Umgebung der Kieler Zeit suchte. Das aber umso mehr, wenn man bedenkt, daß die Ordnung, der er in diesen Tagen in Schleswig-Holstein gedient hatte, überhaupt nicht mehr existierte. Trotzdem ließ er sich die Abschriften seiner Zeugnisse und die Kieler Kommissionsberichte amtlich beglaubigen und legte sie dort vor, wo er glaubte, Interessenten für seine Tauchboot-Projekte gewinnen zu können. Das geschah auch 1852 in Österreich. Man hatte Bauer gerufen, weil man meinte, seine neue Erfindung könne die Kampfkraft der k. k. Kriegsmarine erhöhen.

Am 8. März 1852 führte Bauer in Triest dem Marine-Oberkommando, dem Östereichischen Lloyd und dem Börsenausschuß sein Modell vor. Drei Tage später, am 11. März wurde er dem jungen Kaiser Franz Joseph I. von Österreich vorgestellt und demonstrierte wieder mit Erfolg sein Modell, das von einem Uhrwerk angetrieben wurde, im Hafenbecken von Triest. Doch bevor man Bauer nach Österreich einlud, versuchte das Marine-Oberkommando und später auch das Handelsministerium, bei den österreichischen diplomatischen Vertretungen an der deutschen Küste Erkundigungen über die Vorgänge im Jahre 1851 mit dem »Brandtaucher« in Kiel einzuholen. Diese Auskünfte sind kennzeichnend und charakteristisch für die Meinungsbildung der damaligen Zeit; sie sollen deshalb im vollen Wortlaut wiedergegeben werden:

»Kiel 10. März 1852

Von einer Reise so eben retourniert finde ich Ew. Hochwohlgeboren sehr geehrtes Schreiben v. 3. ds. vor und beeile mich dasselbe sofort dahin zu erwidern, daß es mir augenblicklich nicht möglich ist eine Abschrift der commißionellen Verhandlungen über die Versuche mit dem, von p.p. Baur constuirten Taucherboote zu erlangen, ich jedoch hoffe Ihnen gelegentlich eine solche verschaffen zu können.
Einstweilen erlaube ich mir Ihnen meine persönliche Ansicht über das Boot mitzutheilen und die ist, daß daßelbe in seinem unvollkommenen Zustande praktisch gänzlich unbrauchbar ist, denn der Zweck sich mehrere Stunden unter Wasser zu halten und beliebig steigen und sinken zu können hat sich, bei den angestellten Versuchen als verfehlt erwiesen.
Das Boot mußte, sobald es die Wasseroberfläche verließ vermöge seiner fast keilförmigen Bauart binnen Kurzem auf den Grund kommen, und es half nicht daß man das Ballasteisen nach hinten schob um das Vorderende aufwärts zu dirigiren.
Wäre das Boot von einer entgegengesetzten Construxion gewesen, nämlich platt, oder mit großen flügelähnlichen Platten rundum versehen gewesen würde es sich, so lange es in Fahrt war viel eher auf- oder abwärts haben dirigiren laßen können.
Sobald es aber in Stillstand gebracht worden wäre, welches ja geschehen mußte während man die Sprengungsapparate an dem feindlichen Schiffe befestigte, würde das Boot meiner Ansicht nach unbedingt sinken. Da dies Boot stets unter Wasser gehen sollte so war es ein großer Fehler daß es von Eisen erbaut wurde; denn dadurch wurde es unmöglich Compas gebrauchen zu können, denn wie würde man ohne Compas ein Schiff, unter Wasser, auf eine oder mehrere Meilen Entfernung aufsuchen können.
Soviel ich erinnere hatte man berechnet, daß das Boot Luft für 3 Mann (nämlich den Ingenieur, den Steuermann und den Maschinisten) in 4 Stunden enthalten sollte. Die Luft reichte aber nicht so lange aus, und auf ein Haar wären alle 3 Mann umgekommen.

Dazu berechnete man, daß das Boot 1 deutsche Meile in 1 Stunde laufen sollte, es lief aber nur ca. ¼ Meile in der Stunde.
Wenn dies Boot auch so sehr vervollkommnet werden könnte, daß man sich damit beliebig einem feindlichen Schiffe nähern und ohne zu sinken am Kiel arbeiten könnte so würde man doch auf dem feindlichen Schiffe sehr leicht ein solches Vorhaben vereiteln können indem man, sobald man Nachricht von dem Vorhandensein eines solchen Taucherboots erhielt, bloß alle 5 Minuten 2 Mann beorderte ein Tau von vorne nach hinten unterm Kiel zu ziehen, wobei man dann gleich fühlen würde ob etwas sich unterm Schiff befände.
Dies ist es was ich nach eigener Ansicht mir erlaube Ew. Hochwohlgeboren von diesem Boote zu berichten, und werde ich keine Mühe scheuen um das gewünschte Commißionsgutachten zu erhalten.

In der Hoffnung daß dies mir gelingen wird verharre ich
Ew. Hochwohlgeboren ganz ergebenster
(gez.) H. Hansen« [114]

Der k. k. österreichische Generalkonsul Aussez in Hamburg sandte diesen Brief mit einem Schreiben vom 6. April 1852, das den folgenden Wortlaut hat, weiter an das k. k. Marine-Oberkommando in Triest:

»Mit Bezug auf den sehr geschätzten Erlaß vom 22. Februar d. J.: No. 271 rücksichtlich verlangter Information über das in Kiel von H. Bauer construirte Taucherboot glaubte bisher der ergebenst Gefertigte seinen Bericht hierüber mit dem Inhalte des bezüglichen commißionellen Gutachtens vervollständigen zu können, nachdem ihm von verschiedenen Seiten die Zukommung einer Abschrift des bezüglichen Aktes in Aussicht gestellt worden war. Aller Wahrscheinlichkeit nach dürfte aber bei der Anfang März in Kiel stattgehabten Übergabe der provisorischen Behörden an die königliche Regierung das oben berührte Commissionsprotokoll entweder in Verlust gerathen oder verlegt worden sein, weshalb ich nicht länger säume, Hohem Kaiserlichen Marine-Ober-Commando wenigstens eine diesen Gegenstand behandelnde Privatansicht mit dem angeschlossenen Schreiben aus Kiel hiermit vorzulegen, während ich mir die nachträgliche Ergänzung vorbehalten muß, sobald die weitere Verwendung zu einem Resultat geführt haben wird. Schließlich erlaube ich mir noch die Bemerkung, daß nicht erst nach den angestellten Versuchen, sondern schon bei Vorbringung des Models eine Commission eingesetzt worden ist, deren Zweck auch hauptsächlich darin bestanden, die zur Erbauung des eigentlichen Bootes erforderlichen Gelder aufzubringen. Überhaupt dürfte unter Voraussetzung des Umstandes, daß in jener Zeit der holsteinischen Wirren kein Mittel unversucht geblieben ist, welches eine schwache Aussicht auf einen günstigen Kriegserfolg zu bieten im Stande gewesen war, auch der nicht unwahrscheinlichen Vermuthung Raum gegeben werden können, daß das mehrerwähnte Commissions-Protokoll um so mehr keine gründliche Beurtheilung des Gegenstandes enthalten werde, als das Gutachten vor den angestellten praktischen Versuchen abgegeben worden sein soll.« [115]

Aus Lübeck schrieb zu den Ereignissen um den Kieler »Brandtaucher« am 8. Juli 1852 Herr Klein als Vertreter des beurlaubten Konsuls, nach einer Aufforderung durch das k. k. Handelsministerium:

»Dem ehrerbietigst Unterzeichneten, ist durch hohes Reskript d.d. 4. Juli 1852, numm. 4314 der Auftrag geworden, über gewisse Versuche, welche mit einem, von dem vormaligen königl. bayerischen Artillerieunteroffizier Wilhelm Bauer erfundenen Taucher-Apparat vor einiger Zeit in Kiel gemacht worden sind, verläßliche Auskunft einzuziehen, und wenn möglich das darüber aufgenommene officielle Protokoll zur Vorlage zu bringen.
Da der ehrerbietigst Unterzeichnete nicht geglaubt hat, aus dem hohen Reskript die Weisung entnehmen zu sollen, sich direkt an die Behörde in Kiel zu wenden, so sieht er sich zu der Erklärung genöthigt, daß er für jetzt keine Mittel ersieht, wie er den hohen Befehl erfüllen könnte.
Um indessen der Intention wenigstens so weit zu genügen, als es seine geringen Kräfte gestatten, erlaubt er sich die geziemendste Bemerkung, daß die über die damaligen Versuche in den öffentlichen Blättern mitgetheilten Berichte durch das Detail, welches sie angeben, einige Glaubwürdigkeit verdienen dürften, umso mehr, als der Gegenstand nicht gerade zu absichtlicher Entstellung veranlassen kann.
Das Resultat jener Berichte, insofern dieselben Einem Hohen Ministerium nicht bekannt seyn sollten, bestand darin, daß der Bauer mit 2 Mann allerdings auf den Meeresgrund mit einem Fahrzeuge gelangt sey, daß jedoch der Druck des Wassers eine Vorrichtung zum Wiederemporsteigen anfänglich zu wirken verhindert habe, wodurch das Leben der Mannschaft in höchste Gefahr gerathen, vermuthlich durch Luftentziehung, daß es aber im letzten Augenblicke dem p. Bauer durch äußerste Kraftanstrengung gelungen sey, die Vorrichtung in Wirksamkeit zu setzen, und wieder empor zu steigen. Der Versuch wurde sehr günstig beurtheilt, ein praktisches Ergebnis ist dabei, soviel erinnerlich, weder beabsichtigt, noch erreicht worden, und spätere Versuche sind infolge der eingetretenen Ereignisse nicht mehr gemacht worden.« [116]

So eilten dem bayrischen Artillerie-Unteroffizier, dem Hyponauten und späteren Kaiserlich Russischen Submarine-Ingenieur Wilhelm Bauer schon in der damaligen Zeit die Gerüchte und Legenden, die über seine Tauchboot-Erfindungen und -Abenteuer entstanden und die ihn zur Person des öffentlichen Interesses werden ließen, voraus und hinterher. Er war berühmt geworden, denn zu seiner Zeit waren die Schrecken der Meere, die Abgründe der See mit ihren dunklen und unergründlichen Tiefen, in denen nach den landläufigen Vorstellungen schreckliche Ungeheuer hausten und schlimme Gefahren bestanden, mit den furchtbarsten Vorstellungen in den Köpfen der damaligen Menschen verbunden. Es ist keineswegs verwunderlich, wenn um den Mann, der in die Tiefe der See vordrang und der auf wundersame Art und Weise mit seinen Gefährten gerettet wurde, eigenartige Geschichten entstanden sind.

Vielleicht trägt dieses Buches dazu bei, die Dinge, wie sie sich vor 140 Jahren in den Wirren der damalige Zeit ereigneten, auf den Boden ihrer Realität zu stellen, um so Wilhelm Bauer die Würdigung seines Erfinderlebens zuteil werden zu lassen, die er verdient.

Quellen und Anmerkungen

[1] Brander nannte man damals Fahrzeuge, die mit leicht brennbaren Stoffen gefüllt, in Kriegszeiten benutzt wurden, um mit dem Winde oder der Strömung gegen eine vor Anker liegende Flotte geführt zu werden. Die Brander-Führer steuerten die Fahrzeuge möglichst nahe an die feindlichen Schiffe und brachten sich dann mit Hilfe von mitgeführten Booten in Sicherheit, nachdem die Brander in Brand gesteckt waren, um durch die brennenden Fahrzeuge die feindlichen Schiffe ebenfalls in Brand geraten zu lassen. Um die Abwehr der B. zu erschweren, wurden die brennenden Fahrzeuge mit Stinktöpfen versehen, welche durch die Entwicklung von schädlichen Gasen die Schiffsbesatzungen von den Versuchen fernhalten sollten, sich von dem B. freizumachen. (nach: Poten, B.: Handwörterbuch der gesamten Militärwissenschaften, 2. Band, Seite 102, Bielefeld und Leipzig 1877

[2] Kieler Zeitung vom 6. Juli 1887

[3] Kieler Zeitung vom 9. Juli 1887

[4] Bayer. Hauptstaatsarchiv -Kriegsarchiv- Abteilung II, Unteroffiziers-Personalakten (UP 39091) und § 11 der Beilage I der Verfassungsurkunde des Königreich Bayern v. 26. Mai 1818

[5] Landesarchiv Schleswig-Holstein (LAS), Abt.55 (Berliner Abgabe) Nr. 99

[6] Rigsarkivet Kopenhagen (R. A. K.), Marineministeriet. Sekretariats- og Kommandokontor, Divers sager 1848-1874

[7] R. A. K. (No. 198) »Commando der 3ten Festungs-Batterie Rendsburg (08. 03. 1850) an die Marine-Commission«

[8] Mark Courant, Courant Mark oder Kurantmark: Münze deren Materialwert dem aufgeprägten Münzwert entsprach. In Schleswig-Holstein hatte eine Mark 16 Schillinge oder 196 Pfennige.

[9] R. A. K. (No. 324/311) »Commando der 3ten Festungs-Batterie Rendsburg und Marine. Commission«

[10] R. A. K. (No. 90) / LAS Abt.III Ea Nr. 23^2 / Stadtarchiv Dillingen (StA.Dillingen) »Commissorium vom 7. April 1850«.
Zum Rang und zur Dienststellung der Mitglieder dieser Kommission zur Begutachtung von Bauers Erfindung ist zu bemerken:
Der Hauptmann der preußischen Artillerie, à la suite der schleswig-holsteinischen Artillerie-Brigade Christian Amynt Liebe (* 13. 9. 1816 in Berlin, † 7. 9. 1909 in Dresden) war der Direktor und militärische Lehrer der Seekadetten-Schule. Er trat nach der Auflösung der Schule in den Dienst der preußischen Armee und Marine zurück. Durch seine mehr als dreißig Jahre währende Tätigkeit brachte er das Bildungswesen in der Marine des Norddeutschen Bundes und der Kaiserlichen Marine auf ein allgemein anerkanntes hohes Niveau
(Hildebrand, H. H., Henriot, E.: Deutschlands Admirale 1849-1945, Osnabrück 1989, Band 2, Seite 373/374)
Professor der Chemie und Physik Gustav Karsten (* 24. 11. 1820 in Berlin, † 16. 3. 1900 in Kiel) Professor der Universität Kiel und Physiklehrer an der Seekadettenschule,
Leutnant zur See 1. Klasse Johann Ernst Kier , * 21. 11. 1821 in Hadersleben, Befehlshaber der Schleswig-Holsteinischen Marine und 3. Mitglied der Marine-Kommission.
(Bundesarchiv — Militärarchiv [BA-MA] RM 1/v.761 »Die Schleswig-Holsteinische Marine, Seite 145/146)
Obermaschinenmeister Jacob Henning Pale Diederichsen, seit 12. März 1850 Chef der Maschinenabteilung.
(Stolz, G.: Die Schleswig-Holsteinische Marine 1848-1852. Heide in Holstein 1987, 2. Aufl., Seite 126)
Kunstfeuerwerker Johann Heinrich Pierau, * 1805 in Wilster, wirklicher Oberfeuerwerker mit dem Rang eines Deckoffiziers der Marine, seit dem 12. März 1850, als Fachmann für Sprengstoffe und Petarden.
(BA-MA RM 1/v.761, Seite 127/128)

Schiffbaumeister Carl Louis August von Schirach, * 1824 in Glückstadt, seit dem 2. März 1849 als Marinebaumeister und Schiffskonstrukteur in der Schleswig-Holsteinischen Marine angestellt und zugleich Telegraphen-Inspekteur und Oberaufseher sämtlicher Telegraphenlinien. Ihm unterstand auch der Bau und Betrieb des optischen Küstentelegraphen, der Fernmeldeverbindung der Marine.
(Stolz, G.: Die Schleswig-Holsteinische Marine 1848-1852. Heide in Holstein 1987, 2. Aufl., Seite 127 und Seite 29-33
und
BA-MA RM 1/v.761, Seite 181/182)
Die Schleswig-Holsteinische Marine-Kommission war die Behörde für die Marineangelegenheiten der Herzogtümer. Die gemeinsame Regierung rief sie ins Leben als III. Abteilung des Departements des Kriegswesens, durch die Verfügung vom 1. Februar 1849.
Die Marine-Kommission bestand aus drei Personen, ihr war das gesamte Marinepersonal unterstellt. Sie unterstand unmittelbar dem Kriegsdepartement unterstellt und war nur diesem verantwortlich.
Vorsitzender und erstes Mitglied der Marine-Kommission war seit dem 29. Januar 1849 der Ingenieur-Major Carl Friedrich Wilhelm von Jeß. * 10. 11. 1808 in Rendsburg,
Zweites Mitglied war der Schiffsreeder Lorenz Karberg aus Apenrade, * 1810.
Am 1. Februar 1849 war er mit dem Rang eines Leutnants zur See 1. Klasse (entspricht dem Rang eines Hauptmanns) ernannt worden und hatte seit dem 9. März 1850 den Rang eines Korvettenkapitäns.
Das dritte Mitglied war seit dem 7. April 1849 der Schiffsführer, Leutnant zur See 1. Klasse Johann Ernst Kier, als Befehlshaber der Schleswig-Holsteinischen Marine.
Dienstsitz der Marine-Kommission war in dem sogen. Sonnkalbschen Hause Ecke Sophienblatt / Herzog-Friedrich-Straße in Kiel. Dort zog auch das preußische Marinestationskommando 1864 nach der Übersiedlung aus Danzig ein.
(BA-MA, RM 1/v.761, Seite 96/97, Seite 100/101, Seite 145/46
und
Stolz, G.: Die Schleswig-Holsteinische Marine 1848-1852. Heide in Holstein 1987, 2. Aufl., Seite 27)

[11] R. A. K. (Hptm. Liebe am 24. April 1850 an Dep.d.Kriegswesens)

[12] LAS Abt.22 Nr.III Ea Nr.23 Vol.2 (»Zweck des Brand-Taucher« und »Verwendbarkeit des Brand-Taucher«)

[13] StA. Dillingen Mappe 2, Nr. 2(13) (Original) und LAS Abt. III Ea Nr. 232 (Kopie) »Gutachten vom 23. 04. 1850«

[14] LAS Abt. III Ea Nr. 232 »Beilage zum Gutachten« (Bauer 24. 04. 1850)

[15] StA. Dillingen Mappe 2, Nr. 3(14) / LAS Abt. III Ea Nr. 232 / R. A. K. (Zeugnis für Bauer vom 27. 04. 1850)

[16] R. A. K. (No. 432) (Kommandierung Bauers nach Rendsburg, 29. 04. 1850)

[17] R. A. K. (No. 5713) (Schreiben General v. Willisen an Dep. d. Krieges vom 26. Mai 1850)

[18] Deutsches Museum München, Handschriftensammlung N 4

[19] StA. Dillingen: »Erinnerungen aus meinem vielbewegten Leben von Wilhelm Bauer, 1866«. Manuskript einer Autobiographie

[20] Das Maßsystem der damaligen Zeit war in den einzelnen Länder, aber auch Städten nicht einheitlich. Bei einer Unterteilung der Maßeinheit »Fuß« in 12 Zoll oder 144 Linien, maß in Schleswig-Holstein und Hamburg 1 Fuß = 0,287 m, in Bayern 0,28879 m und in Preußen (Rheinischer Fuß) 0,314 m. Die Umrechnungen in das heutige metrische Maßsystem sind deshalb mit einer gewissen Vorsicht zu betrachten. In seinem Arbeitsbuch aus den Jahren 1852 bis 1854 rechnete Bauer mit dem »rheinischen Fuß« = 31,4 cm und dem »bayerischen Pfund« = 560,06 g.

[21] Am 20. Juli 1850 meldete Lieutenant Piersig, mit Schreiben aus Heiligenhafen, dem »Commando der Festungsartillerie«, daß er den Befehl zur Übernahme des Kommandos der Strandbatterien in Heiligenhafen bekommen hat und deshalb aus Neustadt abgereist ist.
Er war schon am 19. Juli in Heiligenhafen und war zufällig Zeuge eines Gefechts, bei dem sechs dänische Kanonenboote die schleswig-holsteinischen Kanonenboote Nr. 2 und

Nr. 5 und auch die Strandbatterie angriffen. Der Kampf dauerte zwanzig Stunden und endete mit dem Rückzug der Dänen, nachdem die Batterie die letzten zwei Schuß gefeuert hatte.
(LAS, Abt. 55, Berliner Abgabe Nr. 95^{II}, Küstenbatterien)

[22] Der Seconde-Lieutenant Piersig, gebürtig aus Sachsen, war Batterie-Offizier der 3. Festungs-Batterie, deren Chef der Premier-Lieutenant Lorenzen aus Rendsburg war. Piersig wurde das Erinnerungskreuz der Feldzüge 1848/49 verliehen für die Teilnahme an den Gefechten bei Bau und Mettenhof.
(LAS, Abt. 55, Ungeordn.Bestand Nr. 148)

[23] R. A. K. (No. 980) (Söndergaard an das Marine-Commando)

[24] R. A. K. (No. 976) (Marine-Commando an Ltnt. Söndergard, Kommandeur der Kanonenböte vor Heiligenhafen)

[25] StA. Dillingen Mappe 2/Nr. 5 (Verpflichtungserklärung Bauers vom 31. 08. 1850)

[26] R. A. K. und LAS Abt. 55 Kopenh. Abg. III Nr. 8 (Subskriptionslisten)
Der Aufruf zur Subskription war unterzeichnet von den Mitgliedern des »Komitees für die Erbauung des Brandtaucher-Apparates«
dem Generaladjudanten des Generals v. Willisen, Hauptmann i. G. Grunwald
dem Mitglied der Direktion der Seekadetten-Schule in Kiel und Professor des römischen Rechts der Christian-Albrecht-Universität Johannes J. Chr. F. Christiansen,
dem Artillerie-Referenten im Departement des Krieges Hauptmann Feldmann und
dem Premier-Lieutenant Neergard im Ingenieur-Korps
(Stolz, G.: Die Schleswig-Holsteinische Marine 1848-1852, Heide in Holstein 1987, 2. Aufl., Seite 111)

[27] Deutsches Museum München Handschriftensammlung N 4/58
Außerordentliche Beilage zum Bayerischen Landboten Nr. 200 vom 26. September 1850. Ausgegeben den 25. September 1850 Abends $^1/_2$ 8 Uhr. (Seite 1484)
Verantwortlicher Redakteur und Verleger: Georg Franz, Buchhändler und Buchdrucker in München, Perusagasse Nr. 4

[28] Scharf, A.: Schleswig-Holsteinische Geschichte — ein Überblick, Würzburg 1960

[29] —: Schlesw.-Holstein.Geschichtskalender 1848-1851, Braunschweig 1857, Seite 111/112

[30] Lütgen A.: Feldzug der Schlesw.-Holstein. Armee und Marine im Jahre 1850, Kiel 1852, Seite 372

[31] a. a. O., Seite 418

[32] LAS Abt. 55 Kopenh. Abg. III Nr. 8 (Akte Subskiptionen — Subskription vom 7. September 1850 für den Bauerschen Brandtauchapparat)

[33] R. A. K. (Denkschrift der Kommissarien des Dt. Bundes f. d. Herzogtum Holstein v. 17. Nov. 1851)

[34] Radunz, K.: Der Kieler Hafen, Kiel 1960, Seite 425/426

[35] LAS Abt. 406.10 — 55/-62.4 (Firmenarchiv)

[36] LAS Abt. 55 Kopenh. Abg. III Nr. 8
Am 19. September 1850 übersandte der Kommandeur der Festungsartillerie, der Oberstleutnant Siegfried, dem Kommando der Artilleriebrigade die Abrechnung über die »eingegangenen Sammlungen für den Bauer'schen Taucherapparat im Betrage von 187 Mark Courant. Von diesem Betrag waren bei der 1. Festungsbatterie 54 Mk. Cour. $13^1/_2$ Sh., von der 4. Festungsbatterie 37 Mk.Cour. $9^1/_2$ Sh., von der 5. Batterie 30 Mk.Cour. 12 Sh., aber von der 3. Festungsbatterie, in der Bauer als Unteroffizier Dienst getan hatte, nur 4 Mk. Cour. 6 Sh., als geringsten Beitrag der ganzen Abteilung, gespendet worden.

[37] Petarden dienten zum Aufsprengen von Toren, Fallgattern, Palisaden usw. Es waren konische Metallgefäße mit etwa 4 kg Pulverladung, an deren Mündung vier seitlich herausstehende Lappen zum Befestigen mit Schraubenbolzen an das Mandrillbrett angebracht waren. Zum Sprengen wurde die Petarde mit dem Mandrillbrett an einen im Objekt eingeschraubten Haken gehängt, durch eine Stütze fest gegen das Objekt gepresst und mit Hilfe einer Zündschnur gezündet.
(nach Poten, B.: Handwörterbuch der gesamten Militärwissenschaften, 7. Band, Seite 375/376, Bielefeld und Leipzig 1879)

[38] LAS Abt. 22 III Nr. 8 (W. Bauer am 23. 11. 1850 an die 2. Festungs-Batterie)
[39] LAS Abt. 55 Kopenh. Abg. III Nr. 12 (Briefbuch der Artillerie-Brigade)
[40] R. A. K. und LAS Abt. 22 III Eb Nr. 15^{I}(Übergabeprotokoll der Schleswig-Holstein. Marine)
[41] Bethge, Hans-Georg: Der Brandtaucher, Ein Tauchboot- von der Idee zur Wirklichkeit. Rostock 1968, Seite 133 bis 146
[42] Jahrbuch Schiffbautechn. Ges., Berlin, Jhrg. 1 (1900), Seite 71
[43] Deutsches Museum München, Schiffbauabteilung
[44] St. A. Dillingen, Mappe 2, Nr. 12 (Nr. 30)
[45] Hauff,Ludwig: Die unterseeische Schifffahrt, erfunden und ausgeführt von Wilhelm Bauer. Bamberg 1859, Unveränderter Nachdruck 1915 und 1982 (Weinheim)
[46] Deutsches Museum München, Schiffbauabteilung, Inv.-Nr.: L 74463
[47] Bethge, H.-G.: Der Brandtaucher, Zeichnungs- und Planbeilagen
[48] Lawrenz, Hans-Joachim: Die Entstehungsgeschichte der U-Boote, München 1968, Seite 34 bis 36 und persönl. Mitteilungen
[49] Bethge, H.-G.: Der Brandtaucher, Seite 71
[50] St. A. Dillingen, Kasten Nr. 8, Arbeitsbuch Wilhelm Bauers.
[51] Nach dem »Rheinischen Maß« hat 1 Fuß die Länge von 0,314 m, wobei 1 Fuß = 12 Zoll ist, demnach hat 1 Zoll eine Länge von 2,617 cm. 1 Kubikfuß hat das Volumen von 0,03096 Kubikmeter oder 30,959 Kubikdezimeter (Liter).
Das »bayrische Pfund« hat eine Masse von 560,06 Gramm
(Nach: HÜTTE, Des Ingenieurs Taschenbuch, Berlin 1950, 27. Aufl., Seite 1164 bis 1169)
[52] Bethge, H.-G.: Der Brandtaucher, Seite 146 bis 149
[53] LAS Abt. 22 III E. E Nr. 107^{II} (Mannschaftsliste des Maschinenpersonals der Schlesw.-Holstein.Marine)
[54] Batsch: Nordelbisch-Dänisches, Marine-Rundschau 1901, Seite 282
(»... Dem Tagebuch seines Sohnes (*Anm. d. Verf.: des Leutnants Heesch*), des jungen Heesch, der als Ingenieuraspirant in die Marine trat, verdanke ich einige Notizen aus jener Zeit.)
Nach den Mannschaftslisten der Schlesw.-Holstein. Marine (LAS Abt. 55 Ungeordn. Bestand Nr. 199), Kriegsdampfschiff »Bonin« v. 30. 11. 1850, wurde der Masch.Aspirant J. P. T. Heesch (Schiffs-Nr.: 413, *Anm. d. Verf.: entspricht der Stammrollen-Nummer*) »den 28. (Nov.) nach dem Löwen (= *Kriegdampfschiff »Löwe«*) kommandirt«.
[55] Tesdorpf, A.: Geschichte der Kaiserl. Deutschen Kriegsmarine, 1889 Kiel und Leipzig, Seite 47/48 und
Heesch, Jacob Peter Theodor, * 21. 10. 1830 in Kiel, dort † 4. 8. 1904, war später u. a. Direktor der St. Petersburger Gasanstalten, Oberingenieur und Prokurist der Howaldtswerke.
(Stadt Kiel, Akte Familienforschung K-Lem /30.-41.)
[56] Bethge, H.-G.: Der Brandtaucher, Rostock 1968, Seite 153 bis 154
[57] Correspondenzblatt und Kieler Wochenblatt Nr. 225 v. 20. Dez. 1850, Seite 902
[58] Lütgen, A.: Feldzug der Schlesw.-Holstein Armee und Marine im Jahre 1850, Kiel 1852
[59] Wangenheim, Udo Frhr. v.: Erinnerungen an Schleswig-Holstein aus den Jahren 1850 und 1851, Hildburghausen 1852
[60] —: Schleswig-Holsteinischer Geschichtskalender 1848-1851,Braunschweig 1857, Seite 136
[61] Correspondenzblatt und Kieler Wochenblatt, Montag, den 3. Februar 1851, No. 15, Seite 59
[62] Die beiden freiwilligen Begleiter Bauers, der Zimmermann Witt und der Schmied Thomsen, gehörten als Zimmermann Witt und Heitzer Thomsen nach der Mannschaftsliste der Schlesw.-Holstein. Marine, Jan.-Dez. 1850 (LAS, Abt. 55, Ung. Best. Nr. 199) zur Besatzung des Kriegsdampfschiffes »Löwe«.
Für den Zimmermann 1. Klasse J. F. Witt, Schiffs-Nr. 51, ist Elmshorn als Heimatort angegeben, dagegen Husum für den »Heitzer« A. M. (A. W. C. nach der Liste des Maschinenpersonals der Schlesw.-Holstein. Marine) Thomsen, Schiffs-Nr. 174.

Der Schiffszimmermann Joachim Friedrich Witt ist in Klostersande am 11. September 1851 im Alter von 29 Jahren gestorben. Die Ursache seines Todes ist nicht bekannt. Er hinterließ seine Ehefrau Maria Margarethe geb. Bustorf aus Kiel, die ihrer ersten Entbindung entgegensah. Geboren wurde Witt am 8. November 1822 in Oesbüttel Kirchspiel Kellinghusen. (Ev.-luth. Kirchengemeinde Elmshorn, Auszug aus dem Totenregister, Jhrg. 1851, Seite 32, Nr. 29Ü, vom 29. 10. 1988)

Von dem Heizer und Schmied (Wilhelm?) Thomsen waren neben den unterschiedlichen Initialen und der Schiffs-Nr. 174, die mit einer Stammrollen-Nummer oder Personal-Kennziffer vergleichbar ist, die Lebensdaten nicht zu ermitteln. Im Zusammenhang mit der Ablieferung der Marine an den kgl. dänischen Kommandeur Gandil, in der Zeit vom 19. Februar bis 4. Mai 1852 (LAS, Abt. 55, Ung. Best. Nr. 227) wünscht der Heizer Thomsen, es gab nur einen dieses Namens in der Schlesw.-Holstein. Marine, bei Ablieferung in der Marine zu bleiben.

[63] Correspondenzblatt und Kieler Wochenblatt, No. 15, Montag, den 3. Februar 1851, Seite 62

[64] Die Schleswig-Holsteinische Marinekommission kaufte 1849 auf dem Ostufer der Kieler Förde, zwischen Sandkrug und Ellerbek, Gelände für eine Schiffswerft auf der Ruderkanonenboote überholt und gebaut wurden. Später wurde diese Werft volkstümlich »Marineplatz« genannt. 1865 gründete Georg Howaldt dort eine kleine Schiffswerft und baute sein erstes eisernes Schiff »Vorwärts«. Heute gehört dieses Gelände zur HDW Howaldtswerke-Deutsche Werft AG.
(Nach: Radunz, Karl: Kieler Werften im Wandel der Zeiten. Mitt. d. Gesellschaft für Kieler Stadtgeschichte, Kiel 1957, Heft 1/2, Seite 172 bis 175
und
Radunz, Karl: Der Kieler Hafen. Kiel 1960, Seite 425)

[65] R. A. K. exp. No. 191 Schlesw.-Holst.Marine-Comm. v. 4. Feb. 1851

[66] Stadtarchiv Kiel Nr. 20872, Brief J. Schweffel v. 29. 1. 1851 an seinen Sohn Johannes

[67] R. A. K. JNo. 244 und 278 (Zirkular vom 12./14. Feb. 1851)

[68] R. A. K. [6], Kasten Nr. 30, Protokoll der Sitzung vom 15. Feb. 1851

[69] St. A. Dillingen, Mappe 2/Nr. 8 (17) (Abschrift Protokoll vom 15. 02. 1851)

[70] St. A. Dillingen, Mappe 2/Nr. 7 (16) (Zeugnis Rendsburg, 03. 02. 1851)

[71] St. A. Dillingen, Mappe 2/Nr. 9 (19) (Zeugnis Prof. Karsten und Hptm. Liebe)

[72] Tesdorpf, A.: Geschichte der Kaiserl. Deutschen Kriegsmarine [55]

[73] Universitesbibliotheket Kopenhagen

[74] R. A. K. JNo. 337 (Dep. d. Kr. v. 24. Feb. 1851)

[75] R. A. K. exp. No. 420 (Mar.-Komm. v. 3. März 1851)

[76] R. A. K. JNo. 408 (Dep. d. Kr. v. 07. 03. 1851)

[77] R. A. K. exp. No. 445 (Mar.-Komm. v. 07. 03. 1851)

[78] LAS, Abt. 22 III Eb 15 (Überlieferungs-Protocolle) und R. A. K. siehe [6]
(Ablieferung der Schlesw.-Holstein. Marine an Dänemark am 4. März 1852, Rendsburg)

[79] Hofmann, F.: Ein deutscher Erfinder, in „Die Gartenlaube", Leipzig 1861, Nr. 41, Seite 648 ... 651 und Beilage 5

[80] R. A. K. Rentekammer Samling 338 A XVII

[81] Deutsches Museum München, Schiffbau-Abt.

[82] St. A. Dillingen, Mappe 2, Nr. 8 (Nr. 17)

[83] Diese Meinung wird in fast allen Büchern und sonstigen Publikationen über Bauer vertreten, beginnend mit
Gluth, Oskar: Wilhelm Bauer, der Erfinder des unabhängigen Unterseebootes, 1911 München, Leipzig bis
Majonica, Rudolf: Ein Seehund aus Eisen. Das erste U-Boot und das abenteuerliche Leben des Erfinders Wilhelm Bauer, 1987 Freiburg i. Br.
Aber auch Bauer hat zur eigenen Rechtfertigung in der späteren Aufzeichnung seiner »Erinnerungen« behauptet: »... Die Marine-Commission strich mir bei Erbauung des Apparates alle meine proponirten Stärken und gab zu Protokoll, daß nach ihrer Überzeugung und nach der mathematischen Berechnung auch die mir, von ihr angewiesene Stärke genüge, um eine Tiefe von 100 Fuß ohne Gefahr befahren zu können.«

In den Beilagen 2 bis 5 und 7 sind ähnliche Angaben zu finden.
In Wirklichkeit wurde der »Brandtaucher« aber nach den gleichen Berechnungen gebaut, die Bauer bereits am 9. April 1850 der »Commission« vorgelegt hatte.
[84] St. A. Dillingen, Mappe 44
[85] Bethge, H.-G.: Festigkeitsnachweis -Brandtaucher- B-06 vom 11. 11. 1965 (Unveröffentlicht)
[86] R. A. K. exp. No. 804 (Mar.-Komm. v. 02. 07. 1851)
[87] R. A. K. JNo. 768 (Dep. d. Kr. v. 04. 07. 1851)
[88] Verkehrsmuseum Nürnberg, Verkehrsarchiv (VmNbg. VA.) Akte Nr. 6913
[89] VmNbg. VA Akte Nr. 6913 (No. 15530 v. 19. 12. 1887)
[90] a. a. O. (JNo. 16478. III v. 10. 01. 1888)
[91] Deutsches Museum München, Zeichnung Nr. 002211 v. 04. 01. 1888
[92] VmNbg. VA Akte Nr. 6913 (Gen. Dir. k. b. Staatseisenbahnen v. 23. Jan. 1888)
[93] VmNbg. VA Akte Nr. 6913 (Dr. Friedr. Hofmann, Leipzig, Moltkestr. 4/I vom 17. 1. 1888 an Frau Bauer)
[94] VmNbg. VA Akte Nr. 6913 (Kaiserliche Werft, Kiel v. 29. 2. 1888, J-No. 1818 I. III an die Bauabteilung der General-Direktion der kgl. bayer. Staats-Eisenbahn in München)
[95] VmNbg. VA Akte Nr. 6913 (K. B. Kriegs-Ministerium vom 26. 4. 1888, No. 6861 an das kgl. Staatsministerium des kgl. Hauses und des Äußeren)
[96] VmNbg. VA Akte Nr. 6913 (Kgl. Staatsministerium des kgl. Hauses und des Äußeren an den Prinzregenten Prinz Luitpold vom 29. 5. 1888, No. 1723 II)
[97] Kieler Zeitung v. 30. 04. 1891, Nr. 14259
[98] Röhr, A.: Wilhelm Bauer — Ein Erfinderschicksal, München 1975, Seite 17
[99] Mitteilung A. Röhr an den Verfasser vom 10. 01. 1985
[100] Macklin, Theodor (* 23. 12. 1881 in Berlin, † 22. 03. 1958 in Rostock) Prof. Obering. und 1. Dekan der Schiffbautechn. Fakultät der Universität Rostock
[101] Vertrag B 3/VII/488/P vom 29. 08. 1963 »Instandsetzung des Brandtauchers« mit der Neptun-Werft in Rostock.
[102] Bethge, H.-G.: Restaurautionsbericht -Brandtaucher- B-08 vom 25. 05. 1966, Seite 4 bis 36 (Unveröffentlicht)
[103] Bauer wollte, geschützt durch wasserdichte Handschuhe aus Guttapercha, mit den Händen Sprengladungen (Petarden) am Kiel des feindlichen Schiffes anbringen.
Guttapercha ist ein kautschukähnliches Produkt, das durch Eintrocknen des Milchsaftes des Guttaperchabaumes (Palaqium), der im indomalaiischen Gebiet wächst, gewonnen wurde. Mit diesem Stoff wurden Gewebe oder Stoffe wasserdicht.
[104] Bethge, H.-G.: Baubeschreibung -Brandtaucher- B-10 vom 18. 04. 1966 (Unveröffentlicht)
[105] Bauers Körpergröße:
1.) Beim Abschied aus dem kgl. bayer. Chevauleger-Regiment »König« in Augsburg am 20. März 1847 5 Fuß, 10 Zoll, 9 Linien, das sind nach dem bayrischen Maßsystem 172,2 cm (St. A. Dillingen, Mappe 1, Nr. 11)
2.) Das gleiche Maß ist angegeben in den
»Sitten- und Fähigkeitslisten der Unteroffiziere des kgl. bayer. 1. Artillerie-Regiments »Prinz Luitpold«, München am 18. Jänner 1850« (St. A. Dillingen, Mappe 1, Nr. 14) und im »Grundbuchauszug für den Korporal Wilhelm Bauer des kgl. bayer. 1. Artillerie-Regiments vom 23. Januar 1850 (St. A. Dillingen, Mappe 1, Nr. 19)
3.) Beim Eintritt in die schleswig-holsteinische Armee: »Größe nach rheinl. Maaße: 65 $^1/_2$ Zoll«, das sind 171,3 cm. (LAS, Abt. 55, Berliner Abgabe Nr. 99^{II})
[106] Bethge, H.-G.: Baubeschreibung -Brandtaucher- B-10 vom 18. 04. 1966, Seite 20 bis 40, (Unveröffentlicht)
[107] SMM'90 und 31. Internat. Bootsausstellung v. 27. 10. bis 4. 11. 1990
[108] St. A. Dillingen, Mappe 4, lfd. Nr. 13
[109] Burgoyne, Alan H.: Submarine Navigation, Past and Present. London, New York 1903, Seite 27
[110] Stelzner, Hermann: Tauchertechnik, Lübeck 1931, Seite 220 … 222.
[111] Engl. Patent mit dem großen königlichen Siegel A. D. 1860, 3rd March, No. 590:

»Improvments in Apparatus for Diving and for Raising and Lowering Bodies in Water, Parts of which Improvements are also Applicable the other Useful Purposes«
Im Stadt- und Hochstiftmuseum in Dillingen a. d. Donau.
[112] Deutsches Museum München, Handschriftensammlung N4
(Brief Dr. Techel vom 26. 03. 1938 an Prof. Matschoß)
[113] Provisional Specification zum Engl. Patent A. D. 1853 No. 1281:
»Vessels to be used chiefly under Water, and Apparatus for Propelling, Balancing, and Steering the same, & c.«
(Diese »Invention« führte jedoch nicht zum Patent mit dem großen königlischen Siegel).
[114] St. A. Dillingen, Mappe im Kasten Nr. 8, Kopie vermutl. aus Österr.Staatsarchiv, Kriegsarchiv, Wien, 1852 T/c 4/2-m, Kiel, 10. März 1852, (Poststempel: Kiel 10 3 * 8-9)
[115] a. o. O, 1852 T/c 4/2-n, N: 147 7
[116] Deutsches Museum München, Sammlung Jorberg, nach einer Kopie, vermutl. Österr. Staatsarchiv

Beilage 1

Zeittafel zu Wilhelm Bauers Kieler Brandtaucher

13. April 1849	Gefecht bei Düppel zwischen den Truppen des Deutschen Bundes und der dänischen Armee. Bauer hat die Idee eines Tauchbootes, um ungesehen die Schiffsbrücke über den Alsensund bei Sonderburg zu sprengen und um so den Dänen den Nachschub und Rückweg abzuschneiden.
10. Juli 1849	Waffenstillstand zu Berlin zwischen Preußen und Dänemark, der aber von der Statthalterschaft Schleswig-Holsteins faktisch nicht anerkannt wird. Die Truppen des Deutschen Bundes ziehen am 20. Juli ab. Der Landesteil Schleswig wird geteilt. Den nördlichen Teil besetzen schwedisch-norwegische Truppen. Der südliche Teil wird von den Preußen besetzt und der dänisch-preußischen Landesverwaltung in Flensburg unterstellt.
23. Jan. 1850	Ende der zweijährigen Dienstzeit Wilhelm Bauers im 1. kgl. bayr. Artillerie-Regiment »Prinz Luitpold«.
30. Jan. 1850	Eintritt in die schleswig-holsteinische Armee als Unteroffizier II. Klasse bei der 3. Festungs-Batterie in Rendsburg.
8. März 1850	Bauer wird nach Kiel zur Marine-Kommisssion kommandiert zur »Verfertigung seines Modells« eines unterseeischen Zerstörungswerkzeuges. Aus der Marinekasse werden dafür 75 Mark Courant zur Verfügung gestellt.
7. April 1850	Das Departement des Krieges ernennt eine Kommission zur Begutachtung des von Bauer angefertigten Modells eines Taucherfahrzeuges, unter dem Vorsitz des Hauptmann Amynt Liebe, dem Direktor der Seekadettenschule der schleswig-holsteinischen Marine.
9. April 1850	Erste Konferenz der Kommission zur Begutachtung des vom Unteroffizier Bauer projektierten Taucherfahrzeuges. Bauer stellte sein Modell vor, erklärte es und gab eine technische Dokumentation sowie Zeichnungen ab. Praktische Versuche fanden nicht statt.
23. April 1850	»Gutachten über das vom Unterofficier Bauer projectirte Taucherfahrzeug.«
24. April 1850	Hauptmann Amynt Liebe berichtet an das Departement des Krieges abschließend über das Ergebnis der bisherigen Konferenzen der Kommission und legt gleichzeitig das Gutachten vom 23. April 1850 sowie Bauers »Beilage zur Begutachtung des Brandtaucher Apparates« vom 24. April 1850 und seine anderen Schriften und Zeichnungen vor.
27. April 1850	Die Schleswig-Holsteinischen Marine-Kommission erteilt Bauer ein empfehlendes Zeugnis für seine Erfindung.

29. April 1850	Bauer wird wieder zu seinem Truppenteil, der 3. Festungs-Batterie in Rendsburg kommandiert und hat sich dort am 30. April 1850 morgens zu melden.
26. Mai 1850	Der Kommandierende General v. Willisen schreibt einen empfehlenden, aber kritischen Brief über Bauers Erfindung an das Departement des Krieges. Er schlägt vor, den Unteroffizier Bauer durch eine Auszeichnung an den »hiesigen Dienst zu fesseln« oder ihn eventuell zum Offizier zu befördern.
Etwa Juni bis August 1850	Bauer bei der 2. Festungs-Batterie in Neustadt, Strandbatterie-Kommandant in Heiligenhafen.
2. Juli 1850	Friedensvertrag zwischen Preußen, zugleich im Namen des Deutschen Bundes, und Dänemark zu Berlin. Preußen überläßt Schleswig-Holstein seinem Schicksal.
17. Juli 1850	Bruch des Berliner Friedensvertrages durch die Dänen mit der Besetzung der Insel Fehmarn.
19. Juli 1850	Gefecht der Kanonenboote Nr. 2 und Nr. 5 unter Leutnant Söndergaard gegen dänische Kanonenboote und ein dänisches Kriegs-Dampfschiff.
21. Juli 1850	Verlust des Dampf-Schrauben-Kanonenbootes »Von der Tann« in der Neustädter Bucht.
25. Juli 1850	Die schleswig-holsteinische Armee unter General v.Willisen wird von der dänischen Armee in der Schlacht bei Idstedt geschlagen.
14. August 1850	Der Leutnant Söndergaard, Kommandeur der Ostsee-Division der Schleswig-Holsteinischen Marine, schreibt einen Brief an das Marinekommando in Kiel wegen einer Subskription für den Bau eines »Brandtauchers« durch Wilhelm Bauer für 800 Mark Courant.
15. August 1850	Das Marinekommando antwortet dem Leutnant Söndergaard, daß es sich mit der vorgeschlagenen Subskription nicht befassen könne, aber man sei mit einer privaten Fortsetzung des Unternehmens einverstanden.
31. August 1850	Der Unteroffizier II. Klasse Wilhelm Bauer, von der 3. Festungs-Batterie, unterschreibt in Rendsburg ein vom Generalkommando am 21. August 1850 verlangtes Revers, »... daß er, solange er noch in hiesigen Diensten stehe, seine Erfindung für kein anderes Land als Schleswig-Holstein realisieren wolle ...«.
7. Sept. 1850	Aufforderung zur Subskription für den Bauerschen Brand-Tauch-Apparat und Berufung eines Komitees unter dem Vorsitz des Kieler Professors des römischen Rechts, J. Christiansen.
12. Sept. 1850	Gefecht bei Missunde, Beschießung von Eckernförde durch dänische Fregatten.
4. Oktober 1850	Der Versuch der Befreiung von Friedrichstadt scheitert unter großen Verlusten endgültig.

2. Nov. 1850	Der Deutsche Bundestag zu Frankfurt verlangt die Einstellung der Kampfhandlungen und den Rückzug der Armee hinter die Eider.
10. Nov. 1850	Das Generalkommando genehmigt für den Bau des »Brandtauchers« 3000 Mark Courant.
23. Nov. 1850	Bauer beantragt die Bereitstellung von 500 Pfund Pulver, acht 18pfündigen Vollkugeln und eine scharf laborierte Brandbombe zur Füllung für jede der von ihm angefertigten vier Petarden.
29. Nov. 1850	Vertrag von Olmütz zwischen Preußen und Österreich. Preußen verzichtet auf seine Pläne zur Einigung Deutschlands.
10. Dez. 1850	Bauer erhält von der Artillerie-Brigade aus alten Pulverbeständen die Zuweisung für »5 Ctr. Kanonenpulver, 8 Stck. 18pfdr. Vollkugeln und eine scharfgeladene Brandbombe von 50 Pfd.« zum Laden eines Pulverkastens für den hyponautischen Apparat.
18. Dez. 1850	Das Tauchboot wird aus der Halle der Schweffel & Howaldtschen Kesselschmiede der Maschinenfabrik an der Rosenwiese in Kiel gezogen und in das Wasser des Hafens gesetzt.
Anfang Jan. 1851	Der am Kriegsdampfschiff »Bonin« festgemachte »Brandtaucher« versinkt vermutlich durch Fahrlässigkeit, vielleicht auch Sabotage, ohne Besatzung in eine Tiefe von 27 Fuß, das sind etwa 7,80 m. Das Boot wird gehoben und ist nach 16 Tagen wieder betriebsbereit.
9. Jan. 1851	Die beiden Kommissare des Deutschen Bundes treffen aus Altona kommend in Kiel ein. Sie fordern die sofortige Einstellung aller Feindseligkeiten, den Rückzug sämtlicher Truppen hinter die Eider und die Reduzierung der Armee und Marine auf ein Drittel der bisherigen Stärke sowie die Auflösung der Landesversammlung und die Rücknahme aller angeordneten Maßnahmen zur Fortsetzung des Krieges.
11. Jan. 1851	Die schleswig-holst. Regierung in Kiel beugt sich dem Druck der Großmächte und unterwirft sich den gestellten Bedingungen.
17.-21. Jan. 1851	Rückmarsch der Truppen.
27. Jan. 1851	Die schleswig-holsteinische Armee besteht nur noch aus einem Drittel der bisherigen Stärke.
1. Febr. 1851	Wilhelm Bauer unternimmt mit dem »Brandtaucher«, um 9 Uhr vormittags, den ersten Tauchversuch im Kieler Hafen. Seine Gehilfen sind der Zimmermann Friedrich Witt und der Heizer Wilhelm Thomsen. Das Boot gerät durch die freie Wasseroberfläche, die nach dem Fluten des Innenraumes entsteht, außer Kontrolle und in eine Tiefe, der es nicht standhält. Es sinkt. Die Besatzung kann sich nach dem Druckausgleich aus dem langsam vollgelaufenen Boot retten.
1. Febr. 1851 abends	Die Statthalterschaft des Landes Schleswig-Holstein unter Graf Reventlou tritt zurück. Sie übergibt im Kieler Schloß den Bevollmächtigten des Deutschen Bundes die ihr von der deutschen Reichsverweserschaft anvertrauten Befugnisse.

2. Febr. 1851 — Einsetzung einer obersten Zivilbehörde für Schleswig-Holstein im Namen des Landesherren, des Königs von Dänemark, sowie im Auftrage des Deutschen Bundes. Damit ist die schleswig-holsteinische Erhebung, die am 24. März 1848 begonnen hatte, gescheitert und beendet.

3. Febr. 1851 — Das für die Subskription eingesetzte Komitee stellt Bauer ein anerkennendes Zeugnis aus, nachdem der von Bauer erfundene »Brand-Taucher-Apparat« allen Erwartungen entspricht.

15. Febr. 1851 abends um 7 Uhr — Sitzung und Verhandlung im Büro der Marine-Kommission über die Erfindung und das Sinken des »Brand-Taucher-Apparates«. Bauer übergibt seinen Bericht »Die Erfindung und Erbauung des Brand-Tauch-Apparates«, in dem er die Vorgänge, die zu der Erfindung und zum Sinken des Bootes führten, beschreibt. Die Marine-Kommission erklärt sich mit den darin enthaltenen Aufschlüssen zufrieden und übernimmt den »Brandtaucher« im gesunkenen Zustand, damit die von der Landesregierung bewilligten Gelder und die freiwilligen Beiträge aus der Subskription ausgezahlt werden können.

20./21. Febr. 1851 — Der Professor Gustav Karsten und der Hauptmann Amynt Liebe bestätigen in einem Zeugnis die völlige Richtigkeit der Erfindung Bauers. Professor Karsten schreibt u. a.:
»Leider standen bei der Ausführung der Erfindung nicht solche Geldmittel zu Gebote, welche das Schiff nach dem Projekte zu erbauen gestattet hätten, vielmehr mußten, um Kosten zu sparen, wichtige Teile des Apparates durch andere, einfachere, aber auch ungenügendere ersetzt werden. Diesem Übelstande allein ist das am 1. Febr. d. J. erfolgte Verunglücken des Schiffes zuzuschreiben«.

7. März 1851 — Das Departement des Krieges sieht sich unter den gegenwärtigen Verhältnissen außerstande, Bauer die erbetene Remuneration (anerkennende Belohnung) von 1000 Mark Courant zu zahlen.

31 .März 1851 — Die Schleswig-Holsteinische Armee wird aufgelöst.

April 1851 — Bauer verläßt als Ausländer Schleswig-Holstein und kehrt nach München zurück, um dort sofort mit einer neuen Tauchboots-Konstruktion nach den Erfahrungen von Kiel zu beginnen.

4. Juli 1851 — Erster Versuch den »Brandtaucher« zu heben.

4. März 1852 — Übergabe der Schleswig-Holsteinischen Marine an den dänischen Kommandeur Gandil.

1855/1856 — Erneute Versuche der dänischen Marine den »Brandtaucher« zu heben, die aber erfolglos sind.

5. Juli 1887 — Hebung des Wracks des »Brandtauchers« vom Grunde des Kieler Hafens bei den Baggerarbeiten für den Torpedoboots-Hafen in Ellerbeck.

Beilage 2

Münchner Neueste Nachrichten vom 8. März 1851
(Beilage) Neueste Nachrichten aus dem Gebiete der Politik,
Vierter Jahrgang, Nro. 65, Donnerstag, den 6. März 1851 (Seite 729 bis 731):

Deutschland.

St. München, 5. März. Oeffentliche Blätter haben bereits rühmende Erwähnung des Unternehmens eines als Artillerie-Unteroffiziers in schleswig-holsteinischen Diensten gestandenen Bayers, Wilhelm Bauer aus München, gethan, das nichts Geringeres bezweckt, als die Construirung eines unter dem Wasserspiegel manövrirenden zur Zerstörung feindlicher Schiffe, von Brücken, Festungstheilen etc. ausgerüsteten Fahrzeuges. —

Erfindungsgabe, Geschicklichkeit und Eifer bei der Ausführung wie der Erfolg selbst, gereichen dem wackern Landsmanne zu so viel Ehre, der Versuch mit dem fertigen Fahrzeuge und die ihn begleitenden Umstände sind so interessant, daß Einsender dieses dem vaterländischen Publikum wie dem Erfinder selbst es schuldig zu seyn glaubte, darüber auf diesem Wege einiges Nähere mitzutheilen. Der Raum dieser Blätter gestattet nicht eine bis ins Einzelne gehende Beschreibung des Baues dieses Apparates zu liefern, erlaubt vielmehr nur die Mittheilung über jenen Versuch selbst. —

Nachdem gegen Ende Januar d. J. der wenn gleich der verursachenden größeren Kosten wegen nicht vollständig nach dem technischen Gutachten geführte Bau vollendet war, eine Arbeit, welche einen durch Subscriptionen und Beihilfe des Staates gedeckten Aufwand von fast 9000 Mark veranlaßte, schritt Hr. Bauer zur Sache. —

Nothdürftig nur war das Ganze ausgerüstet, besondere Vorsichtsmaßregeln von Seite der Marine waren ebenso wenig getroffen. Es gehörte daher großer Muth dazu, bei voraussichtlicher Lebensgefahr nun theils die nöthigen Beweise des Gelingens zu geben, so wie Erfahrungen für allenfallsige Verbesserungen zu sammeln. —

Ueber die Habe wurde disponiert, jede nöthige Vorbereitung für ein etwaiges Scheiden auf immer getroffen und am 1. Februar d. J., Morgens 9 Uhr begab sich Hr. Bauer zur Prüfung des beliebigen Steigens und Sinkens bis zur Tiefe eines Atmosphärendrucks in das Schiff, begleitet von den beiden freiwilligen Gehülfen Witt und Thomsen. —

Der Mangel einer Wasserwaage und einer Senknadel hinderte bald nach ihrem unter Wasser gehen zu bemerken, daß ein Stück Ballast von 150 Pfd. bei der Tages vorher vorgenommenen Pumpenreinigung am hinteren Ende zu viel liegen geblieben war. Dieses überflüssige Gewicht bewirkte, daß der Apparat, nachdem er vollständig unter das Niveau der Meeresfläche gebracht war, nach rückwärts das Übergewicht erhielt, wozu die Bewegung des Ballastwassers in Ermanglung von Cylindern, deren Anfertigung aus Rücksicht auf die leider anempfohlene und befolgte Sparsamkeit bei der Construction unterbleiben mußte, das Meiste beitrug. Indessen gelang es doch durch das Direktionsgewicht das Fahrzeug in eine Lage von 15° zu zwingen. Durch diese noch immer sehr bedeutende Schrägstellung blieb die vordere Pumpe ohne Wasserspeisung, die rückwärts befindliche aber bis zu 7′ überschwemmt, wodurch diese von oben und unten saugend, natürlich nur schwer ging, höchstens 5 Procente abzugeben vermochte und dadurch veranlaßte, daß unsere kühnen Schiffer vor ihrer gänzlichen Erschlaffung nur 1500 Pfd. Schwimmvermögen erlangen konnten.

Aber auch diese Kraft wurde nach einer halben Stunde durch einen Leck an der Eingangsklappe durch die nöthigen Erholungspausen der Pumpenden gänzlich aufgehoben und bald sahen die Schiffenden sich bis auf den Grund des Meeres versenkt. In dieser Lage rief unser Unternehmer den Gefährten zu: »Wenn der Apparat jetzt nicht bricht, können wir uns retten.« Aber kaum gesprochen, erfolgte ein Knistern, dann das Krachen der einbrechenden Wände, das linke große Triebrad von Eisen sprengte an der Naabe ab, ebenso die Kernschrauben von 4′ Länge und $1\frac{3}{4}$′ Dicke, der kurz vorher noch 30 Fuß zeigende Manometer wurde abgedrückt, die Umlaufbalken von Eichenholz zu Splitter gebrochen, die Kleiderrahmen weggeschleudert und die Brause der hinteren Pumpe abgesprengt. Die größte Spannung auf das was nun kommen werde trat ein. Nach den ersten Momenten des Schreckens rief Hr. Bauer den Gefährten zu: »Wenn die Wand da oben einbricht, so sind wir verloren, wenn nicht, können wir uns bei gehörig comprimirter Luft durch die Klappe retten.« Da die Comprimirung noch nicht erfolgt war, so wuchsen die Lecke bis zu 4 Maß in der Sekunde. Auf die Frage der Gefährten: was nun zu thun, um sich sammt dem Schiff zu retten, gab Hr. Bauer die Weisung, aus dem wassergefüllten Grund, wo sie an der Pumpe arbeiteten, herauf zu steigen und niederzusitzen, um Kräfte für das Schwimmen nach geöffneter Klappe zu sammeln. Dem wurde nachgekommen, aber die Aufregung drängte sie zur erneuerten physischen Anstrengung. Sie begaben sich auf's Neue an die Arbeit des Pumpens, was indessen die Lage nicht besserte, vielmehr die Veranlassung ward, daß die Gesunkenen erst bei Eintritt der Stickluft soviel Compression der Luft hatten, um die Klappe, welche zuerst 5544 Pfd. Druck erlitt, lüften zu können. Hr. Bauer hatte sich in seinen Mantel gehüllt und blieb auf einem Rade lange anderthalbe Stunden sitzen, ohne helfen zu können. Die Gefahr der Schiffenden ward indessen oben bald erkannt und um 11 Uhr erschien, diesen zur Rettung hinabgelassen, zuerst eine Leine mit Loth, bald darauf dicke Taue, dann ein kleiner Anker, welcher die Fenster einzudrücken drohte, übrigens nach dreimaligem Abgleiten wieder verschwand und um 2 Uhr eine starke Kette, welche den schon halb Verlornen bei bereits stark comprimirter Luft und 7 Fuß Wasser im Fahrzeug, den Ausgang durch die Klappe verschloß. Glücklicherweise hing sie sich vom Haken los und machte die Selbstrettung wieder möglich. Um $3\frac{1}{4}$ Uhr wollte Hr. Bauer die Klappe mittelst eines Pumpenhebels lüften, da gelang es dem Gefährten Witt sie unter äußerster Anstrengung mit den Händen zu öffnen; erschreckt jedoch durch die Masse des hereinstürzenden Wassers schloß er sie sogleich wieder und rief nach den beiden Anderen. Alle drei stellten sich nun dicht untereinander, wobei Hr. Bauer bat, daß ja keiner den anderen fassen oder sonst aufhalten möge, da in diesem Falle keine Möglichkeit der Rettung aller vorhanden, sonst aber alle sich zu retten vermöchten. Witt, der schon stark angegriffen war, rief kurz vorher aus: »Es ist einerlei; wenn wir wieder hinaufkommen und wieder so ein Schiff gebaut wird, wie Sie es haben wollten, so fahre ich dennoch wieder mit, denn die Geschichte ist gut. Daß die Pumpen versagt haben, dafür können wir nicht.« Diese merkwürdige Aeußerung in solchem Moment trug dazu bei, daß die Besonnenheit und die Geistesgegenwart Niemand verließ. Es waren aufmunternde Worte in der fast sicheren Scheidestunde gesprochen von einem praktisch überzeugten Manne. Nun öffnete Witt die Klappe zum zweitenmale und in demselben Augenblick fliegen alle drei, mitgenommen von der plötzlich und gewaltsam sich befreienden Luft, wie Champagnerpfropfen aufwärts, Witt zuerst, darauf Bauer, zuletzt der schon ermattete Thomsen, daß er an allem was er zu erfassen vermochte, wie mit Zangen sich anklammerte. Hr. Bauer befürchtend, er möchte in der Klappe hängen bleiben, wodurch er ihm und sich den gewissen Tod bereitet hätte, hatte sich vor ihm der Klappe genähert, um ihn im Fall der Noth bei den Haaren mitnehmen zu können. Aber die von der Kälte erstarrten Hände machten ihn dazu unfähig. Thomsens Lebensgeister durch Zerren an den Haaren wach zu erhalten, war alles was jener thun konnte. Thomsen ermannte sich jedoch soweit, daß er vom Luftdruck getrieben, mit den Uebrigen glücklich an die Oberfläche des Wassers gelangte, wo er halb todt aufgefangen wurde.So waren die drei Männer von 9 Uhr früh bis Nachmittags halb 4 Uhr, also $6\frac{1}{2}$ Stunden, in beständiger Todesgefahr. Als neugeborne Wesen wurden sie mit einem nicht enden wollenden aus wenigstens 200 Kehlen schallenden Hurrah oben empfangen. Kleider und Stiefeln waren, um leichter schwimmen zu können, unten gelassen worden. In der Tiefe war es so hell, daß sie lesen und jeden Leck deutlich sehen konnten. So weit die Schiffe ins Wasser gingen waren sie den Versunkenen vollkommen sichtbar, sichtbarer noch die zu ihnen vergeblich hinabgelassenen Taue, Ketten etc. Stimmen vermochten sie keine zu vernehmen, wohl aber ein unbestimmtes dumpfes Brummen. Es ist kaum zu verkennen, daß das Prinzip der Construction dieses Apparats ein richtiges gewesen seyn muß, denn schwerlich würde er, bei den Mängeln des Baues, die größtentheils durch Sparsamkeitsrücksichten eintraten, so lange ohne gänzliche Zertrümmerung sich erhalten haben. Wir können schließlich nur die Hoffnung ausdrücken, daß dem tüchtigen, todesmuthigen Erfinder bald Gelegenheit gegeben werden möge, in einem seinen Kenntnissen, seiner Geschicklichkeit und seinem Eifer ganz zusagenden Wirkungskreise, die Stellung und damit lohnende Anerkennung zu finden, die ihm, dem kräftig Unternehmenden, zukömmt und wünschen ihm dazu von Herzen alles Glück.

Beilage 3

Weber's »Ilustrirte Zeitung«, Leipzig, vom 8. März 1851, Seite 164.

Das Versinken des Taucherschiffs von Bauer in Kiel.

Es wird unseren Lesern noch erinnerlich sein, daß ein baierischer Artillerie-Unteroffizier Namens Bauer, der im schleswig-holsteinischen Heere diente, vor einiger Zeit ein neues Taucherschiff erfand, mittels dessen er sich anheischig machen wollte, die größten Kriegsschiffe in die Luft zu sprengen.

Als nämlich im Jahre 1849 die dänischen Kriegsschiffe im Sundewitt den schleswig-holsteinischen Truppen so bedeutenden Schaden zufügten, faßte Bauer zuerst den Gedanken, ein unterseeisches Schiff zu erfinden, womit er die dänische Seemacht vernichten könne. Später arbeitete er seinen Plan weiter aus, und legte denselben, nachdem sachverständige Männer ihn geprüft und die Möglichkeit des Gelingens nicht in Abrede gestellt hatten, der schleswig-holsteinischen Statthalterschaft im Frühjahr 1850 vor. Diese wollte sich aber nicht darauf einlassen, da sie das Gelingen des Unternehmens für unglaublich hielt, und sie nicht unnöthigerweise eine bedeutende Summe dem Lande entziehen wollte. Bauer war deshalb genöthigt, sich mit seinem Plane an reiche Privatleute zu wenden und brachte auch, namentlich durch Unterzeichnung im schleswigholsteinischen Heere, eine Summe zusammen, mit der er den Bau seines Schiffes unternehmen konnte. Unter seiner Leitung wurde dasselbe in der Schweffel und Howaldt'schen Eisengießerei in Kiel gebaut, konnte jedoch erst im December vorigen Jahres vollendet werden. Das Wunderschiff wurde dann in Anwesenheit einer großen Menschenmenge am Hafen vom Stapel gelassen und die ersten Probefahrten gemacht. Die Gestalt des Schiffes ist fast die einer gewöhnlichen Yacht, nur bei weitem schmaler. Am Vordertheil desselben ist eine Röhre angebracht, die mit sehr dicken Fenstern und einer Luke zum Aus- und Einsteigen der zu einer Expedition nöthigen Mannschaft versehen ist, die wesentliche innere Einrichtung besteht aus einer Pumpe zum Fallen- und Steigenlassen des Schiffes, sowie aus einer Schraube, mittels deren dasselbe fortbewegt werden kann. Am Vordertheil sind ferner zwei Handschuhe von Gutta Percha angebracht, mit denen der Führer des Taucherschiffs bei der vorzunehmenden Sprengung die an demselben befestigten Pulvervorräthe an das zu sprengende Kriegsschiff anhängen und aus einiger Entfernung mittels eines galvanischen Drahtes entzünden kann. Die Seitenwände sowohl wie auch das Deck des Schiffs sind von Eisen. Eine genauere Beschreibung der einzelnen Einrichtungen können wir nicht liefern, da der Erfinder dieselben natürlich nicht veröffentlicht zu sehen wünscht.

Gleich bei den ersten Versuchen erwies sich nun freilich, daß sowohl die Seitenwände des Schiffs wie auch die Pumpe bei weitem zu schwach gebaut waren, ein Fehler, der zwar schon früher entdeckt war, dem jedoch aus Mangel an Geld nicht abgeholfen werden konnte. Die Probefahrten liefen allerdings zuerst glücklich ab, da Bauer sein Fahrzeug bisher nicht sehr tief hatte sinken lassen, doch sah er voraus, daß, wenn er einmal 30 Fuß unter Wasser ginge, sein Schiff unfehlbar durch den Druck des Wassers würde vernichtet werden. Der eigentliche Zweck dieses Unternehmens, dänische Kriegsschiffe in die Luft zu sprengen, war ohnehin verfehlt, da diese des eintretenden Frostes wegen den Hafen verließen.

Dennoch unternahm Bauer am 1. Febr. d. J. wieder eine Probefahrt, und diesmal sollte er nicht so glücklich sein wie bisher. Mit zwei Freiwilligen von der schleswig-holsteinischen Marine ging er um 9 Uhr Morgens unter Wasser und kam mit seinem Schiffe nicht wieder zum Vorschein. Nachdem die ihn begleitenden Boote längere Zeit vergebens das Emporkommen des Schiffs erwartet hatten, wurden endlich zwei Kanonenboote herbeigeholt, um dasselbe womöglich wieder in die Höhe zu bringen. Man fand es nach längerm Suchen mittels des Senkbleis und hörte aus der Tiefe des Wassers den Hülferuf der Versunkenen. Alle möglichen Versuche wurden nun angestellt, das Taucherschiff zu heben, aber vergebens. Man ließ starke eiserne Ketten und Taue ins Wasser, die nach langem Arbeiten auch wirklich von Bauer befestigt wurden; dennoch konnte man das schwere Schiff nicht aufwärts bringen und alle aus der Stadt auf Booten herbeigeeilten Menschen hielten eine Rettung der drei Unglücklichen für unmöglich. Was Bauer vorher befürchtet hatte, war eingetreten. Die Pumpe wurde, als das Schiff eine Tiefe von 30 Fuß erreicht hatte, unklar, und es war vorauszusehen, daß dasselbe, wenn es noch tiefer sänke, durch den Wasserdruck vernichtet oder wenigstens leck werden müsse. Das Gefürchtete blieb nicht aus. Ein Krachen erfolgte und in banger Erwartung sahen die drei unterm Wasser Begrabenen ihrem Schicksale entgegen; ein Moment, der nach Bauer's eigner Aussage der fürchterlichste während der 6 Stunden war, die er mit seinen Gefährten unter Wasser zubrachte.

Glücklicherweise blieb aber das Deck des Schiffs und die Seitenwände unversehrt, während am untern Theile desselben eine Oeffnung entstand, durch die das Wasser nur langsam eindringen konnte, ein Umstand, der die drei Menschen vom sichern Tode rettete. Die Versuche, das Schiff an den herabgelassenen Ketten und Tauen heraufzuziehen, waren, wie bereits gesagt, nach langem vergeblichen Arbeiten aufgegeben worden, und es blieben Bauer und seinen Gefährten jetzt nur noch Mittel der Selbsthülfe übrig. Die zwei Stärksten versuchten, die obere Luke zu öffnen, aber vergeblich; der Druck des Wassers war zu stark, um sie auch nur einen Zoll zu heben, und so blieb denn nur eine Art der Rettung möglich, die freilich nicht gleich auszuführen war, sondern eine ziemliche Geduldprobe erforderte. Nur mit Mühe konnte Bauer seine Kameraden bewegen, sich ruhig zu verhalten und von allen vergeblichen Kraftanstrengungen abzustehen; diese konnten sich nicht mit seinem Plane befreunden, der dahin ging, ruhig das Steigen des Wassers abzuwarten, bis der Druck der dadurch comprimirten Luft stark genug sei, um die Luke zu öffnen. Mit der größten Kaltblütigkeit wickelt Bauer sich in seinen Mantel und setzte sich ruhig im Obertheil des Schiffs hin, um nicht von der Kälte des Wassers erstarrt zu werden. Erst als das Schiff so weit mit Wasser angefüllt war, daß die drei Taucher bis an den Hals im Wasser standen, und das Athmen in der comprimirten Luft fast unmöglich geworden war, gab Bauer dem stärksten seiner Gefährten die Weisung, einen Versuch zum Oeffnen der Luke zu machen. Mit Leichtigkeit konnte er dieselbe jetzt aufheben, und wurde vom Druck der Luft auch schon im selben Moment aus der Oeffnung heraus und an die Oberfläche des Wassers geworfen. Natürlich folgte Bauer mit seinem zweiten Gefährten, der schon beinahe ohnmächtig war, und alle Drei kamen glücklich an die Oberfläche des Wassers, wo sie von den herbeigeeilten Booten in Empfang genommen und von allen Anwesenden mit einem lauten Hurrahruf empfangen wurden. Das Athmen in der schweren Luft, sowie das Stehen im eisigen Waser hatte übrigens so ermattend gewirkt, daß die zwei Kameraden Bauer's sogleich ins Hospital geschafft werden mußten; er selbst aber bedurfte nur einiger Stunden

Erholung, um ganz wiederhergestellt zu sein.

Das schwere Taucherschiff, welches ein Gewicht von 70.000 Pfund hat, liegt noch 40 Fuß tief unter Wasser, und es ist sehr die Frage, ob dasselbe jemals wieder emporgehoben werden kann. Die Erfindung ist aber jedenfalls eine sehr geniale, wenn auch die ersten Versuche wegen fehlerhafter Construction des Schiffs nicht den günstigsten Erfolg gehabt haben. Bei dem Bau eines neuen Taucherschiffs, den der Unteroffizier Bauer wohl jedenfalls, wenn auch an einem andern Orte vornehmen wird, werden diese Mängel beseitigt werden, und man ist daher wohl berechtigt, anzunehmen, daß die Erfindung von bedeutendem Einfluß auf die künftige Kriegsführung zur See sein wird.

Beilage 4

Aufzeichnungen des Prinzen Friedrich zu Schleswig-Holstein-Noer, Zürich 1861. Seite 331 bis 334
Auszug aus Kapitel »XX. Die schleswig-holsteinische Marine.«
(Er hielt die schleswig-holsteinische Marine für »eine unnütze Geldverschwendung«.)

»Nicht zufrieden mit dieser überseeischen Flotte, wollte die Statthalterschaft auch eine unterseeische haben. Ein bairischer Unterofficier, der zum ersten Male das Meer erblickte, glaubte eine Erfindung machen zu können, um unter dem Wasser unbemerkt an feindliche Schiffe heranzugehen, ein Pulverfaß an ihnen zu befestigen und vermittelst elektrischen Drahtes dieses explodiren zu lassen, wodurch das Schiff in die Luft fliegen solle.

Die Idee ist zu albern, und daß sie nicht unbeachtet blieb und sofort verworfen ward, beweist nur zu sehr, wie nach Allem gehascht wurde, von dem man sich einen Erfolg einbildete, während das wirklich Nöthige und Nützliche versäumt oder abgewiesen wurde. Die bairische Erfindung war folgende:

Ein eisernes Boot ward solchergestalt konstruirt, daß es wasser- und luftdicht gemacht werden konnte. Vorn hatte es einen Schnabel, an welchen das Pulverfaß gehängt ward, das unter dem zu zerstörenden Schiffe angebracht werden sollte. Gleichfalls vorn waren zwei Glasscheiben angebracht, durch welche man sehen konnte, um die Arbeit zu vollbringen. Vermittelst Guttapercha-Handschuhen, die in einigen Oeffnungen im Bug steckten, sollten die hineingesteckten Hände das Befestigen des Fasses vollführen und den elektrischen Draht anbringen. Wenn die Bemannung sich im Boote befand, sollte so viel Luft heraus und Wasser hineingelassen werden, daß das Fahrzeug einige Fuß unter Wasser sank, und dann sollte die Fahrt beginnen.

Wie die Bewegung und Lenkung des Bootes bewerkstelligt werden sollte, hat mir Niemand erklären können und es war mir auch nicht um einen derartigen Aufschluß zu thun, denn jeder einigermaßen mit dem Seewesen vertraute Mensch konnte wissen, daß alle Regeln der Natur und Kunst bei diesem Experiment übersehen waren. Wie sollte nämlich bei einer etwas dauernden Fahrt der durch's Athmen verzehrte Sauerstoff, d.h. die nothwendige Lebensluft ersetzt werden, damit die Bemannung nicht ersticke? Mit Dampf konnte das Boot nicht bewegt werden, sonst hätte ein Schornstein über dem Wasser sein müssen und die Unsichtbarkeit wäre somit nicht erreicht worden. In See sollte das Fahrzeug gehen, um die Linienschiffe anzugreifen, also erforderte es Kräfte, dieß zu bewerkstelligen. Gewiß mußten hierzu 6 Mann zu jeder Zeit, mit einer Ablösung folglich 12 Mann verwendet werden. Ein Kommandant und noch 2 Mann zur Handtirung des Boots und den Arbeiten, dieß macht schon 15 Mann. Wenn diese tüchtig arbeiten sollen, brauchen sie viel Athem, und wie lange würde die eingeschlossene Luft ihnen diesen hinreichend liefern, wenn neben der ausgeathmeten verdorbenen Luft noch die Ausdünstung der Leute den verschlossenen Vorrath der Lebensluft verderben half? Wie sollte der Cours nach dem Schiffe gefunden werden, da man wohl vor sich hin auf 10 bis 12 Fuß sehen konnte, was unter, aber nicht über dem Wasser sich befand? Erreichte man dennoch durch Zufall das anzugreifende Schiff, so fragte es sich, wie der Nagel herausgebracht wird, der ins Schiff geschlagen werden soll, um das Pulverfaß daran zu befestigen; wie der Hammer herausgestreckt und geführt werden kann, um den Nagel einzutreiben, wie die Hand das Pulverfaß vom Boot lösen und an das Schiff hängen kann, da die kleinste Oeffnung unter Wasser das Boot füllen würde? Alle diese Einwendungen hatte der bairische Unterofficier sich natürlich nicht gemacht, da er nie das Meer gesehen hatte. Uebrigens war noch das Allerwichtigste von den Konstrukteuren übersehen, nämlich: daß die Luft der Kompression unterworfen ist. Das Boot hätte daher so konstruirt sein müssen, daß es dem Wasserdruck durch seine eigene Stärke widerstehen konnte. Dieß war nicht geschehen; als daher der erste Versuch damit im Kieler Hafen gemacht ward und die Fahrt unter Wasser losgehen sollte, klappte das Ding durch den Wasserdruck zusammen wie ein Klapphut, und mit genauer Noth schlug die Besatzung den Deckel auf, um aus der Tiefe des Hafens an die Oberfläche hinauf zu fahren, wie die Pfropfen aus den Champagnerflaschen. Da war die ganze Herrlichkeit vorbei, zu welcher man der schleswig-holsteinischen Armee per Mann einen Thaler abgezogen hatte.

In solchen Experimenten gefiel sich die Statthalterschaft und Beseler. Die provisorische Regierung gab, wie oben erläutert, 9000 Rthl. für das Experiment des Seeräubers Hansen und des v. d. Tann'schen Freicorps, um die Korvette Galathea zu nehmen. Im Jahre 1849 ward das Experiment mit dem Dampfkanonenboot gemacht, welches bei einer Kiellänge von 36 Fuß eine Kanone, eine Dampfmaschine, Kohlevorrath, Munition und Bemannung mit Proviant und Kocheinrichtung etc. fassen sollte. Ich erklärte mich in dem Comité zur Beurtheilung dieses Projekts von vorneherein dagegen, aber Herr M. T. Schmidt überredete die anderen Mitglieder und der Bau ward ausgeführt. Das erste Mal, als dieses Boot mit einem dänischen Dampfboot zusammenkam, nahm es die Flucht, lief auf den Strand und flog in die Luft.

Das Jahr 1850 sollte durch die unterseeische Schifffahrt verherrlicht werden, das Resultat war nicht besser als in den andern Fällen, und damit schlossen diese geldraubenden Experimente.

Nach diesen Ergebnissen dürfte dem Leser nicht schwer fallen, mir Recht zu geben, daß es eine durchaus verfehlte Sache war, eine schleswig-holsteinische Marine gründen zu wollen und das Geld, welches man an anderen Orten besser und nothwendiger bedurfte, auf diesen Gegenstand zu verwenden.«

Wilhelm Bauer schrieb dazu am 14. November 1861 in einem Brief aus München (Türken Straße 40/2) an seinen Freund Dr. Friedrich Hofmann; Bauer hatte zu dieser Zeit noch immer die Absicht nach Amerika zu reisen:
»Daß der Prinz von Noer in Holstein in seiner Brochüre über den holsteinischen Krieg „Zürich 1861“ so kleinlich und geistlos über mich und meinen Brandtaucher herfällt zeigt nur wie wenig Stoff in seinem Größelosen Kopf enthalten ist. Ich möchte gerne den Artikel lesen um ihm antworten zu können.«
Zu einer Antwort scheint es nicht gekommen zu sein, denn Bauer war in dieser Zeit zu sehr mit der Hebung des Postdampfers »Ludwig« beschäftigt, der im März 1861 im Bodensee gesunken war.

Beilage 5

Die Gartenlaube, Illustriertes Familienblatt,
Verlag Ernst Keil in Leipzig,
Jahrgang 1861, Nr. 41, Seite 648 bis 651.

Ein deutscher Erfinder

Am Strande der Ostsee lehnte im Jahre 1849 ein Kanonier sinnend auf seinem Stück. Er blickte finster in sich, denn er suchte nach einem neuen Mittel zur Vertilgung des übermüthigen Feindes. »Hund und Fisch« lagen im Kampfe, und der Fisch hohnlachte. Die Kugeln der unerreichbaren feindlichen Schiffe hatten arg in den Reihen der heimischen Kämpfer gewüthet. Aber trotzdem die erste junge deutsche Flotte des Jahrhunderts damals noch nicht dem Hammer des Bundestags verfallen war, konnte sie den Truppen an diesem Strande kein Hülfe gewähren.

Eben sandte der Kanonier einen Blick des Zornes zum Meere, da sprang unfern von ihm ein Seehund in die Fluth. Mit diesem Sprung war ein Geistesblitz durch ein Haupt gefahren; der Kanonier war zum Erfinder geworden. Tag und Nacht sann und zeichnete und schnitzte er, nicht achtend der Spötteleien der Cameraden und des vornehmen Kopfschüttelns der Seeleute, bis ihm das Modell zu einem Boote gelungen war, mit dem er in die Tiefe der See tauchen und unter den Wogen sich frei bewegen wollte, um gegen den Feind einen unterseeischen Minenkrieg zu beginnen. Die Liebe zu seinen Waffenbrüdern, die Ehre des Vaterlandes, der Haß gegen den Feind waren die Sporen zu seiner Erfindung gewesen, ihr erster und einziger Zweck konnte nichts Anderes sein, als die Vernichtung der feindlichen Flotte.

Nicht eine Regierung nahm sich der Erfindung an, sondern des Erfinders Waffengenossen, zu denen all die Fürsten und Prinzen, welche der Patriotismus eines sogenannten »tollen Jahrs« zu einem »meerumschlungenen« Kriege begeistert hatte, damals schon nicht mehr gehörten, die Waffengefährten also steuerten eine Summe zusammen, welche nothdürftig hinreichte, um den ersten deutschen Brandtaucher in deutsche Salzfluth zu bringen.

Unter des Erfinders Leitung fügten die eisernen Wände des Boots sich in die ungefähre Gestalt eines Seehundsleibs. Mächtige Cylinder gaben die Lungen des Unthiers, ihr Ein- und Ausathmen bestimmter Wassermassen senkte oder hob das Fahrzeug; der Schwanz desselben bildete das durch vorstehende Hörner geschützte Steuer, und die Schraube, durch ein Tretrad in Bewegung gesetzt, befähigte es zum selbstständigen, von jeder Leitung vom Spiegel der See aus unabhängigen Laufe. Auch die Augen fehlten ihm nicht, starke Fenster der Deckwand gestatteten den Blick nach oben. Pumpen und Ventile führten zum Kiel, um es von Wasser zu entleeren, oder, wenn nöthig, damit zu füllen. Die Luke zum Ein- und Aussteigen befand sich in der Nähe des Kopfes, vorn am Kopfe aber saß der Höllenrachen, die Pulvermine, zu welcher Guttapercha-Arme aus dem Schiffe hervorragten.

So sollte der Bau vollendet werden; aber das Boot konnte bei dem Mangel an Mittel nur ein Werk der Noth sein, als es in einer schönen December-Mondnacht ins Wasser sprang und seinen ersten unterseeischen Lauf versuchte. Es war freilich noch ein unbeholfener Gang innerhalb des Hafens, aber dennoch hatte er den vollen Werth einer siegreichen That des deutschen Geistes, und es fehlte dieser That auch der äußere Erfolg nicht, denn kaum war die Kunde von dem gelungenen Sprung des Unthiers zum Feinde vor dem Hafen gelangt, so eilte er mit vollen Segeln davon. Dieser Erfolg hätte wohl verdient, den Zopf des Vorurtheils von den Häuptern der Seeleute abzureißen. Dies geschah jedoch nicht, weil des Erfinders Zunftbrief nicht am Bord eines Schiffes, sondern am Lande auf einem Kanonenrohr geschrieben war und weil sein Elternhaus nicht nach dem Meere, sondern nach den Alpen schaute. Nicht der Feind, sondern das eigene Schiffsvolk nannte den unheimlichen Kampfgenossen den Teufel der See — und behandelte ihn auch so. — Doch — still davon, damit es die Nachbarn nicht hören! —

Noch war der Apparat nach des Erfinders Ueberzeugung nicht fähig, in einer größeren Tiefe, als von 27 bis 28 Fuß, dem Druck des Wassers zu widerstehen; es fehlten ihm außerdem die Cylinder, ein Mangel, der zur Anwendung von Eisenballast nöthigte, um die zum Sinken erforderliche Schwere zu erzielen; aber die maßgebenden Männer der Wissenschaft und des Fachs erkannten das Schiff als stark genug für eine Tiefe bis zu 100 Fuß. Hier konnte somit nur die Erfahrung als Schiedsrichter auftreten, und den Erfinder beseelte in der Begeisterung für sein großes Werk der volle Muth, das Wagniß einer solchen Erfahrung zu bestehen.

Diejenigen, welche die Widerstandsfähigkeit des Schiffs in solcher Tiefe so entschieden behaupteten, hielten sich gleichwohl nicht für moralisch verpflichtet, der Probefahrt selbst beizuwohnen.

Auf sich allein angewiesen, war der Erfinder entschlossen, auch allein das Werk seines Geistes zu besteigen. Nur zwei Männer, tüchtige Seemänner, die bisher immer treu zu ihm gestanden hatten, trennten sich auch jetzt nicht von ihm, wo eine augenscheinliche Gefahr ihnen bevorstand.

»Sie werden uns nicht mit Fleiß ertränken wollen,« sagten sie — »und sollte ein Unglück über uns kommen, so wollen wir es redlich mit einander theilen«.

Gestärkt von solchem Vertrauen einfacher Matrosen, bestieg mit ihnen der Meister sein schwarzes Boot. Noch einmal erhob er das Auge zum Himmel mit einem Blick, von dem Niemand sagen konnte, ob er betete, oder ob er Abschied nahm von allem Lieben.

Es war am ersten Februar 1850 (*richtig ist: 1851*). Der Schlag der neunten Morgenstunde tönte vom Gestade herüber, da schloß sich die Luke über den drei Männern, das Schiff begann zu sinken und entschwand den Augen der Menge, die am Ufer und auf den Booten des Hafen dem Schauspiel zusah.

Wir aber begeben uns mit in das Schiff, wir vertrauen uns unter des Erfinders Führung selbst dem »Teufel der See« an.

Wir finden den Meister am Steuer und Witt und Thomsen, die treuen Matrosen, am Tretrade. Das Schiff dringt in der Fluth vorwärts bis zu einer Stelle, wo unter ihm die größte Tiefe des Hafen gähnt. Hier gebietet der Erfinder zu halten, er öffnet das Ventil nach dem Kielraume, und das Wasser dringt ein. Das Schiff sinkt tiefer und tiefer, an sechstausend Pfund der Salzfluth belasten es bereits, — da eilt plötzlich das Hintertheil des Brandtauchers voraus, das Wasser schießt im Kielraum der Richtung nach, vergeblich schließt Meister Wilhelm (so nennen wir vor der Hand den Erfinder) rasch das Ventil, die gesammte Wassermasse im Innern drängt nach dem tieferen Hintertheil, ein unheimliches Zischen und Kratzen beginnt, der Roheisenballast setzt sich in Bewegung und rutscht der Tiefe nach, endlich kommt das Schiff in eine der senkrechten immer näher tretende Stellung, Ballaststücke von hundert und anderthalb Pfunden donnern an den drei Männern vorbei und drohen ihnen die Glieder zu zerschmettern. Fest angeklammert an die Rippen der Schiffswände hängen sie da, vom schauerlichen Augenblick übermannt, während das Boot tiefer und tiefer sinkt.

Da richtet der Meister den Blick nach dem Manometer — er liest 27, 28, 29 Fuß Tiefe, — »Wenn das Boot jetzt nicht bricht, können wir uns retten!« — ruft er, und — wie Eis rinnt es ihm durch die Adern: mit mächtigem Knistern und Krachen biegt erst die linke Wand des Schiffes sich einwärts, dann auch die rechte, — und gleich einer teuflischen Foltermaschine rücken die Wände näher und näher, — die Treträder, aus Gußeisen, sieben Fuß im Durchmesser groß, werden in Stücke zerdrückt, Eichenbalken zerknickt wie Zündhölzchen, Manometer und Pumpen zersprengt — alle Schrecken der Todesnoth umringen die drei Männer.

Und tiefer und tiefer sinkt das Schiff.

»Was ist's? Witt, was ist's?«

Dem stieren Blick, der sträubenden Gebehrde, des erstarrenden Mannes folgend, sieht der Meister noch über sich einen Haufen Eisenballast aufgeschichtet, der bis jetzt der Verlockung zum Rutschen in die Tiefe widerstanden, aber, nun das Schiff immer mehr zur Senkrechten hinneigt, plötzlich auf die drei Männer herabzustürzen droht. Ein Blick, und der Meister erkennt, daß hier in diesem Knäul geballt ihrer Aller Tod ruhe; da, mit aller Energie in höchster Gefahr, ein Schwung und Wurf des starken Körpers, und plötzlich stemmen sich seine Füße gegen die Rippen der Wandung, während er mit dem Rücken und den Armen gegen den wankenden Haufen drückt — fünf fürchterliche Secunden lang, denn nicht weniger als viertausend Pfund Eisen bewältigt so lange des einen Mannes äußerste Kraftanstrengung: dann stößt das Hintertheil auf den Grund der See, langsam legt das Schiff sich hin und streckt die Riesenglieder aus, ein Eisensarg Lebendigbegrabener.

Wer giebt das Leben auf, so lange der Geist noch wacht?

Kaum ist der Tod zum zweiten Male in wenigen Secunden an den Männern vorübergegangen, kaum gestattet die Ruhe des Schiffs das Rühren der Hände, so ist ihr erstes Bemühen, die horizontale Lage desselben durch das Ordnen des Ballastes zu sichern. Um eine möglichst gleichmäßige Vertheilung der Eisenstücke herbeizuführen, müssen sie jedes einzelne Stück durch Untertauchen ihres schweißtriefenden Körpers aus dem eisigen Wasser hervorholen, das bereits vier Fuß hoch im Raume steht — eine entsetzliche Arbeit! — Und nun sie endlich vollbracht ist, und die Lebenslust mit der Hoffnung winkt, daß es möglich sei, das Leck-Wasser auszupumpen, die Lecke der eingebogenen Wandungen zu verstopfen und den Apparat wieder zu heben, — da sehen die unglücklichen Männer erst, was ihnen bis jetzt entgangen war: die Pumpen sind zerstört, die Brause der Hinterpumpe ist ganz abgesprengt! Alle Versuche des Pumpens sind vergeblich, vergeblich ist diese Hoffnung auf Rettung. Da lassen die Männer die Arme sinken, am Tretwerk stehen sie stumm beisammen, reichen sich die Hände und bieten einander das letzte Lebewohl. Sie fühlen den ungeheuren Schmerz, nun wirklich lebendig begraben zu sein.

Plötzlich leuchten wieder des Meisters Augen. »Wenn die Wand da oben einbricht, sind wir verloren; wenn sie hält, so öffnet sich uns noch ein Rettungsweg durch die Klappe. Aber merkt, Ihr Männer, jetzt ist es keiner Menschenkraft möglich, die Luke zu öffnen, weil das Wasser mit dem Drucke von wenigstens vierthalbtausend Pfund auf ihr lastet. Aber die Natur selbst hilft uns diese Last heben, sobald die Luft im Schiffe hinlänglich zusammengepreßt ist, um einen gleich starken Gegendruck zu erzeugen. Männer, jetzt gilt's, mir noch einmal Euer Vertrauen zu bewähren. Gegen ein Naturgesetz kämpfen wir vergeblich. Laßt mich, so lange die Luft noch gut ist, das Ventil öffnen, damit das Wasser zu unserer Hülfe eindringe. Versäumen wir das jetzt, so verderben wir uns selbst die Luft, und uns bleibt nichts, als der Tod durch Ersticken!«

Diesmal sind des Erfinders Worte vergeblich, sie stoßen in beiden Matrosen auf denselben Unglauben: die braven

Männer können ein solch physikalisches Gesetz nicht fassen, sie bitten den Meister dringend, das Ventil unberührt zu lassen, weil sie dann doch unrettbar ertrinken müßten.

So sieht sich denn Meister Wilhelm genöthigt, den Weg, den er als den nächsten und sichersten zur Rettung erkennt, aufzugeben, um seine Schicksalsgenossen nicht in Verzweiflung zu bringen. Mit diesem Augenblick tritt zwischen die drei Männer in so entsetzlicher Lage das Gespenst der Uneinigkeit; der Zweifel führte zum ersten Ungehorsam, und dieser führt weiter.

Entschlossen, das Steigen des Wassers als letztes Rettungsmittel ruhig abzuwarten, hüllt der Meister sich in seinen Mantel, schwingt sich auf das rechte Tretrad und sucht durch ein Beispiel und seine ermuthigende Zusprache hebend auf den Geist der zusehends in die Hast der Angst verirrenden Gefährten einzuwirken. Während Witt und Thomsen vergeblich ihre Kräfte an den Pumpen erschöpfen, erst vereint, dann abwechselnd, und Alles mit der Selbstberuhigung, daß sie bis zum letzten Augenblick ihre Schuldigkeit thun wollen, beobachtet der Meister die Vergeblichkeit ihrer Abmühung mit stiller Genugthuung. Immer aber beweist er ihnen noch wiederholt vergeblich, daß sie auf keine andere Rettung zu rechnen haben, als durch die Luke; sobald er ihnen jedoch vorrechnet, daß es noch drei bis vier Stunden währen könne, ehe das Wasser des Lecks den Raum hinlänglich fülle, um durch die Luke zu entkommen — da erfaßt die beiden abgematteten Männer neues Entsetzen, sie halten sich nun für sicher verloren, eilen trotzdem an die Luke und suchen nun diese mit ihrer letzten Kraft zu heben. Aber selbst die Verzweiflung giebt ihnen nicht Stärke genug zur Überwindung der ungeheuren Wasserlast.

Mit blutendem Herzen sieht der Erfinder die beiden Männer im Wasser mit einer Februartemperatur bis an die Brust, gegen das Unmögliche ringen. Dringend bittet er sie, aus dem Wasser zu steigen und frische Kraft zu sammeln, um im rechten Augenblick sich durch Schwimmen retten zu können. Endlich wendet er sich von empörenden Anblick ab mit dem entschiedenen Zurufe: »Thut, was Ihr wollt, es hilft Euch nichts! Nur durch die Klappe kommen wir wieder nach oben!«

Da läßt Witt sich bewegen, ebenfalls auf einer höhern noch trockenen Stelle einen Ruheplatz zu suchen. Erfreut hierüber spricht der Meister ihm freundlich zu: »Witt, Du kannst nicht schwimmen, binde Dir einige Bretterstücke fest zusammen, die nimmst Du als Floß mit hinauf und hälst Dich daran, bis man Dich oben in ein Boot rettet.«

»Wahrlich, Herr,« entgegnet Witt, wieder frischen Muths aufathmend, »es ist merkwürdig, wie Sie immer Rath wissen, und es ist wirklich Alles so gekommen, wie Sie's gesagt haben!«

»Brav, Witt! So vertraue mir auch jetzt. Vielleicht bewährt sich's auch an uns, daß Gott keinen Deutschen verläßt!«

Aber Einen schien er gerade in diesem Augenblicke zu verlassen, den armen Thomsen. Immer noch steht er bis an die Schultern im Wasser an der nutzlosen Pumpe und erschöpft sich auf eine Weise, daß er mehrere Male zusammensinkt und endlich nur noch mit dem Kopfe nickt, in der Meinung, er pumpe. Bei seiner körperlichen Ermattung ist sein Geist in einen Zustand höchster Erregtheit versetzt, der von dem Trotz, mit dem er bis dahin jeder Bitte widerstanden, sich so weit steigert, daß er zu einer Scene hingerissen wird, die man die erste unterseeische Meuterei* nennen könnte. Welche Gefühle, welche Gedanken müssen dem guten, braven, stets so treuen, muthigen und hingebenden Matrosen Herz und Kopf zerrissen haben, bis er, irren Blicks das Messer ziehend und gegen den Meister herantretend, dem Freunde zuruft: »Witt, ich sterbe nicht allein! Es muß auch Der fallen, der uns hieher geführt hat!«

Obwohl in tiefster Seele verletzt, verliert doch der Meister keinen Augenblick seine Geistesgegenwart. Rasch nimmt er sein Terzerol von der Schiffswand herab, wo es längst unter Wasser gehangen, und auf den Verirrten anlegend ruft er ihm zu:

»Thomsen, noch ein Schritt, und Du bist der Erste, der in der Tiefe der See erschossen ist!«

Auf dem triefenden Gewehre ist kein Zündhütchen; aber die Drohung allein genügt, den Mann wenigstens so weit zu sich selbst zu bringen, daß er nun dem Beispiele der Anderen folgend eine trockene Stelle sucht und in tiefster Niedergeschlagenheit sich zusammenkauert.

Zwei Stunden sind bis jetzt vergangen, es ist 11 Uhr Mittags geworden.

So sitzen nun die drei Männer, äußerlich ruhig, da, während das Wasser im Schiffsraume langsam höher und höher steigt.

Und in welcher unheimlichen Dämmerung geht dies Alles vor! Durch zweiundfünfzig Fuß Meeresfluth hindurch dringt das Licht durch die kleinen Augen des Schiffs in den Raum. In diesen ersten zwei Stunden lag auf allen Gegenständen ein grüner Schein, der nun allmählich sich in einen braunen verwandelt. Der Meister, gewohnt, die Sinne immer wach zu halten zum Forschen und Prüfen, benutzt auch diese winzig im gesammten Forscherleben dastehende Gelegenheit zu seinen Beobachtungen, ja, es entspinnt sich zwischen ihm und Witt, der seine volle Ruhe wieder gewonnen, eine so gemüthliche Unterhaltung, daß die Selbstvergessenheit, zu der diese Männer in einer solchen Umgebung fähig sind, die höchste Bewunderung verdient. Keine Erscheinung bleibt ununtersucht. Da schwimmt auf dem Wasser ein Tabakspacket. Es wird herbeigefischt, und wie freuen sich Beide, in solcher Tiefe immer noch Licht genug zu finden, um die Aufschrift desselben lesen zu können! An diese Wahrnehmung knüpfen sich neue Pläne des Erfinders, er erkennt plötzlich, wie nützlich sein Apparat für die Naturforschung, für die Schifffahrt, für die Industrie werden, wie er namentlich bei der Kabellegung Unschätzbares leisten könne! — Es drängt ihn zu dem Ausrufe:

»Wahrlich, Witt, es wäre schon deshalb schade, wenn wir nicht wieder hinauf kommen sollten, weil dann sicherlich diese Erfindung vielleicht Jahrhunderte als eine unpraktische angesehen würde, während wir hier die schönste Ueberzeugung gewinnen, daß sie gut ist!«

»Ja,« erwiderte Witt, »das ist sie! Und es ist einerlei, kommen wir wieder hinauf und es wird wieder ein solcher Apparat erbaut, so fahre ich gleich wieder mit, denn die Geschichte ist gut, und daß uns die Pumpen versagt haben, dafür können wir nicht!«

Dieses Zeugniß aus dem Munde des einfachen Matrosen, der selbst noch wie im versiegelten Grabe mit liegt, ist in diesem Augenblick die höchste Ehrengabe für den Erfinder, und sie erhebt ihn sichtlich, sein Auge strahlt von gerechtem Stolz und von Rettungszuversicht.

Da soll gerade jetzt für sie die ärgste Gefahr noch von daher kommen, von wo sie keine Rettung mehr erwarten, von oben, von den Glücklichen auf der See.

Zu den Gegenständen der Beobachtung des Meisters am Kopffenster des Apparates hat längst das Meer nach oben gehört. Plötzlich zeigt sich ihm der nahende Schatten eines Bootes, eine Loth-

* Wir wollten dieser Erzählung einer der merkwürdigsten deutschen Erlebnisse ursprünglich die Ueberschrift »Eine Meuterei unter der See« geben, unterließen dies aber auf den Wunsch des »Erfinders« und »Meisters,« der dem braven Thomsen nicht eine unverdiente Kränkung bereiten wollte. Es thut ihm ohnedies leid, daß dieser Vorfall, für den tausend Entschuldigungen in jeder Menschenbrust sprechen, im Interesse der Wahrheit und Vollständigkeit der Darstellung hier erzählt werden mußte. Die Red.

leine kommt näher und näher. Ist auch an keine Rettung durch Hebung des 70.000 Pfund schweren Brandtauchers zu denken, so wirkt doch der Gedanke einer Verbindung mit den Lebenden oben entzückend auf die mehr und mehr in dem nassen Grabe erstarrenden Männer. Durch Rufen und Hämmern an die Eisenwände des Schiffes geben sie Lebenszeichen, die Signale werden gehört, kaum fünfzehn Minuten vergehen, so schweben acht bis zehn Boote ober ihnen, der Meister hört deutlich seinen Namen rufen und das Commando der Bootführer, bis der immer stärkere Zusammenfluß von Fahrzeugen und Menschen und das Durcheinander der Stimmen nur noch ein dumpfes Getöse vernehmen läßt.

Im Apparate ist die Luft bereits so comprimirt und auch so verdorben, daß sie das Athmen erschwert, aber auch der Augenblick kommt immer näher, wo der einzige Rettungsweg nach oben aufgethan werden kann. Da rückt ein kleiner Anker herab, jetzt erreicht er den Apparat und stößt gerade auf ein Fenster. Drückt er die Scheibe ein, so sind die Männer verloren, die Luft entweicht zu rasch, die Luke ist nicht zu öffnen. Endlich, wieder nach grauenvollen Secunden für den Meister, gleitet der Anker an der Eisenwand ab. Diese Gefahr ist vorüber.

Aber eine noch ärgere folgt ihr. Eine starke Kette rasselt hernieder, und so entsetzlich geschickt umfährt sie den Kopf des Brandtauchers mit drei Gängen, daß sie die Ausgangsluke einschnürt — der Apparat ist unlösbar gesperrt, mit jeder Windung der Kette wird der Sarg fester vernagelt! — Das ist der fürchterlichste Augenblick für Meister Wilhelm, und der peinlichste für seine Seele, denn er allein kennt die ganze Gefahr der Lage, und er muß schweigen, um seine freudig aufathmenden Gefährten nicht mit einem Schlage zu Boden zu schmettern.

Sieben Fuß hoch steht jetzt das Wasser durch die ganze Länge des Apparates, es reicht den Männern bis an den Hals, die Luke muß jetzt zu heben sein, und es ist die höchste Zeit dazu, denn groß kann die Zahl der Minuten nicht mehr sein, wo Ihnen nur noch die Wahl frei steht zwischen dem Tod durch Ersticken oder durch Ertrinken.

Es ist drei Uhr Nachmittags, da fühlen die Männer an der Bewegung des Apparats, daß die Kette in der Richtung nach dem Lande heftig angezogen wird; der Brandtaucher neigt sich nach rechts; je stärker sie droben anziehen, um so größer wird die neue Gefahr, daß die dünnen Blechplatten des Kopfes eingeschnürt und abgerissen werden. In diesem Augenblick stehen alle, auch Thomsen, der sich an den Trümmern des Tretrads aufrecht hält, wie zum Sprunge bereit. Plötzlich erschüttert ein dröhnendes Gerassel der verhängnißvollen Ketten den ganzen Bau, — sie ist abgerissen — die Luke frei! —

»Witt, jetzt ist's Zeit! Die Luke geöffnet, ehe sie uns noch einmal einschließen!« — Witt hebt, die Luke öffnet sich, doch erschreckt von dem hereinstürzenden Wasser, läßt er sie wieder fallen. Der Meister aber weiß, daß nun die Rettung sicher ist.

»Auf Thomsen, jetzt können wir hinaus!« Mit diesem Freudenrufe führt er den von Mattigkeit Wankenden über den Ballasthaufen und die Rädertrümmer unter die Ausgangsluke, er selbst steigt auf die Treppe, um jenen nachzuziehen, falls ihn die letzte Kraft verlassen sollte.

»Fertig?« — ruft Witt.

»Ja!« — Die Luke geht auf, und empor fliegt Witt wie der Pfropf aus der Champagnerflasche.

Jetzt gilt's dem Meister, Thomsen zu sichern. Er will ihn bei den Haaren fassen, um ihn so mit nach oben zu nehmen, aber die erstarrten Finger versagen den Dienst, Da erblickt er ein Tau am Kopf des Apparats, das nach oben führt. Er erfaßt es, — doch die Luft, vom einstürzenden Wasser jetzt mit ungeheurer Gewalt aus dem Apparat getrieben, ergreift Beide und reißt sie empor, Thomsen in gerader Richtung nach oben, den Meister am Tau entlang nach dem Schiffe hin, mit dem es verbunden ist. —

Eilen auch wir zum Lichte hinauf. Da wimmelt es von Booten und harrenden Menschen. Selbst in die nächsten Seestädte ist durch die Telegraphen die Kunde vom Schicksal des »Teufels der See« gedrungen und hat Neugierige und Theilnehmende herbeigelockt. Mit dem Reißen der Kette ist hier oben alle Hoffnung zur Rettung dahin, und ein edler Mann der Wissenschaft fordert die Menge auf, für die Unglücklichen zu beten.

»Auch sie«, ruft er, »haben sich für unsere Sache, für Schleswig-Holstein, ja für Deutschland geopfert!«.

Da sprudelt ein Wasserberg, und die Todten stehen auf — Witt erscheint mit den Beinen voraus, an der Oberfläche, gleich darauf Thomsen, zuletzt und abseits von diesen der Meister. Unermeßlicher Jubel begrüßt die Geretteten.

Der Erfinder aber hat ein Zeugniß für sein Werk erlebt und Erfahrungen über die Natur der Luft, des Schalls, des Lichts, des Wassers mit heraufgenommen, wie jahrelange Studien sie ihm nicht hätten geben können. Schiller's Taucher ist zur Prosa geworden, der Molchengrund erschlossen.

Und wer ist dieser Erfinder, dieser Meister Wilhelm?

Es ist der Wilhelm Bauer aus Dillingen in Schwaben, vormals baierischer Artillerie-Unterofficier, dann russischer Submarine-Ingenieur und nun ein verkannter, zurückgesetzter und vergessener Mann in München.

Im Kieler Hafen, wo er am ersten Februar 1951 niederfuhr, liegt noch heute der arme »Teufel der See«. Wilhelm Bauer aber ward mit seiner Erfindung und mit vielen anderen gleich bedeutenden Thaten seines technischen Genies in der Heimath verlassen und in die Fremde getrieben, — ins Elend, nannten's unsere Väter. Nicht Preußen, nicht Oesterreich vermochten den Mann zu würdigen, die Schätzes seines Geistes für den Dienst des Vaterlandes, ja der Menschheit zu heben. Wilhelm Bauer's Rettungsboot, seine Taucherkammern, seine unterseeischen Kameele zum Heben der größten Lasten aus den Wassertiefen, sein aeronautischer Apparat, sein Kabelschneider, seine Revolverbatterien für Küstenvertheidigung, seine hyponautische Corvette, seine Verbesserungen am Telegraphen etc. — jede dieser Erfindungen fand von Akademien in Baiern, in Oesterreich, in Rußland, in England, in Frankreich die fast allenthalben gleichlautende Anerkennung, daß »sie auf richtigen Principien beruhe und eine hohe technische Begabung des Erfinders beurkunde« — aber weiter nichts! Ein Deutschland gab es nicht, das sich des genialen Mannes annehmen konnte, in der baierischen Heimath konnte man ihm den Kanonier nicht vergessen, in England betrog man ihm um seine Erfindungen und wies ihm dann die Thüre, in Frankreich zeigte man den Willen dazu, in Rußland baute er zwar einen neuen Brandtaucher, aber auch dort waren 134 unterseeische Fahrten nicht hinreichend, seinem Wirken eine ehrliche Bahn zu sichern, und als in den letzten Tagen das Schwabenmeer hätte die Ehre erleben können, zum ersten Male, so lange die Welt steht, einen versunkenen Dampfer (»Ludwig«) einzig und allein durch die Kräfte der Natur gehoben zu sehen, da waren die Augen zu blöd für den Werth einer solchen Ehre, man verließ den Mann im Angesicht des Gelingens seiner großen Erfindung, und so ist der letzte Schlag durch das Schicksal, der den von allem Unglück eines deutschen Erfinders verfolgten Mann traf, noch ein Schwabenstreich gewesen.

Und nun ein Wort zum Schluß.

Ich habe dies Alles nicht erzählt, um unsere Leser zu amüsiren. Ich habe es erzählt, um zu fragen, ob noch viele Männer in Deutschland leben, die so

Ungewöhnliches, so Ungeheures für ihr Wirken zu leiden und zu wagen hatten; ob noch viele Männer leben, die für all' ihr Ringen und Mühen, für so große Opfer so hart bestraft worden sind; ob es ewig das bitterste Loos auf Erden bleiben soll, ein deutscher Erfinder zu sein.

Wir leben in Tagen einer herrlichen, begeisternden Erhebung des nationalen Bewußtseins der Deutschen. Wir sind wieder einmal zu dem in Deutschland so seltenen Entschluß gelangt, von den Worten zum Wirken, von der Rede zur That überzugehen. Noch einmal nimmt die Nation durch ihre entschlossensten Männer die Wahrung ihrer Sicherheit und Ehre selbst in die Hand, sie denkt selbst an den Schutz ihrer Küsten, sie arbeitet selbst für eine neue deutsche Flotte. Sollte in einer solchen Zeit ein technisches Genie, wie das Bauer's im Elend verkümmern, sollte im Angesicht solcher Bestrebungen für Küste und Flotte ein Wilhelm Bauer unbeachtet und ungewürdigt zu Grunde gehen müssen?

Es ist die Pflicht der Nation, den deutschen Erfinder in ihren Dienst zu rufen, es ist ihre Pflicht, auszusprechen, nicht: dem Manne kann, nein: dem Manne muß geholfen werden!

Friedrich Hofmann.

Beilage 6

Am 27. März 1862 hielt Bauer in Nürnberg vor einem großen Zuhörerkreis einen Vortrag über seine submarinen Erfindungen, wie in vielen anderen Städten auch. Er führte dabei sein Tauchbootsmodell vor und demonstrierte seine Zeichnungen.
Der Nürnberger Anzeiger veröffentlichte darüber am Samstag, den 29. März 1862, in seiner Nr. 89 auf den ersten Seiten den folgenden Bericht, in dem die Ereignisse um den Kieler Brandtaucher wieder etwas anders dargestellt werden:

Ueber Wilhelm Bauers unterseeische Schiffahrt.

(Auszug aus seinem Vortrage hierüber)

Am Donnerstag Abend hielt Herr Submarine Ingenieur Bauer vor einer außerordentlich zahlreichen Versammlung von Leuten aus allen Ständen einen Vortrag über seine Erfindung für unterseeische Zwecke. Der Arbeiterverein, der wie bereits mitgetheilt, sich der Sache zunächst angenommen, hatte den Bürgerverein, Turnverein u.s.w. eingeladen und das Interesse zeigte sich als ein allgemeines, im höchsten Grade erfreuliches. Nachdem Herr Reuß eine Uebersicht über die früheren Bestrebungen im Gebiete der unterseeischen Schifffahrt, bis herab zu Descartes gegeben, schloß sich Herr Bauer mit seinen Vortrag an. Er führte in einer höchst spannenden und interessanten Weise die Entstehung des Gedankens an eine solche Erfindung, und in einer ebenso scharfsinnigen als klaren und verständlichen Weise die Principien vor, worauf seine Erfindung fußt und die überraschend wirkenden mechanischen Vorrichtungen an der Maschine. An Modellen und Zeichnungen erläuterte er alles zum bessern Verständnis Dienliche. — Wir theilen aus seinem Vortrag nachstehend Einiges mit, was unsere Leser gewiß im höchsten Grade interessiren wird, obwohl wir gezwungen sind nur das an und für sich Unbedeutendere davon auszuheben, weil sich eben die technisch so sehr interessanten Erläuterungen ohne beigefügte Zeichnung nicht wiedergeben lassen.

»Es ist schon eine geraume Zeit, daß man sich mit Versuchen befaßt, welche die unterseeische Schifffahrt betreffen; dieselben sind Anfangs auf das Princip von Descartes gegründet und durch Taucherhelme, Glocken u.dgl. ausgeführt, welche für industrielle Zwecke nur in Tiefen von 50 bis etwa 150 Fuß anwendbar, und namentlich deßwegen höchst unpraktisch sind, weil der unten arbeitende Mann von einem auf dem Niveau des Wassers schwimmenden Schiff abhängig ist und dessen unvermeidlichen Bewegungen folgen muß. Durch eine aufsteigende Welle wird das Schiff aufgehoben und der Taucher von einem Punkt zum anderen geschleudert. Mit der Erkenntnis dieser Umstände kam ich auch zu der Einsicht, daß das erste Princip eines neuen Taucherapparates sein müsse, den Mann der unter Wasser ist vor allen Dingen von dem Niveau unabhängig zu machen. Das kartesianische Princip konnte ich daher nicht benützen. Meine Gedanken waren zuerst auf den Fisch gerichtet und längere Zeit beschäftigte sich mein Geist damit, da tauchte einmal ein Seehund vor mir aus dem Wasser, ich beobachtete wie er die Nase heraushielt; daß modifirte meinen Plan. Ich machte denn, immer die Unabhänigkeit als Princip im Auge behaltend, einen langen seehundförmigen Körper, der stark genug war einen Druck von 80 bis 100 Fuß auszuhalten, um innerhalb dieser Tiefen unter Kriegsschiffen hinwegfahren zu können. Ich hatte in Berücksichtigung der physikalischen Gesetze weiter dafür zu sorgen, den Druck, der nötig ist, damit der Mann unten gehalten wird, möglichst vorteilhaft anzubringen, darin sah ich eigentlich die Generallössung der Sache. Dieser Druck darf nicht von Oben ausgeübt werden, dachte ich, es muß ihn vielmehr der Mann selbst mitnehmen und regulieren können; mein Seehund müsse also Ballast einmehmen, aber als solchen kann er nur das Wasser selbst brauchen. Mit den Pricipien vollkommen im klaren, schritt ich an die Realisirung meiner Idee. Ich bekam weder von der Regierung, noch von der Marineverwaltung Mittel hierzu; wenige Private und meine Kriegskameraden* unterstützten mein Werk durch freiwillige Beiträge. Dazu wenigstens ertheilte man die Bewilligung! Es kamen bald östereichische und preußische Interventionstruppen und ich hatte hohe Zeit, meinen Seehund ins Wasser zu bringen und zu erproben. Die Mittel reichten nicht zur raschen vollständigen Ausführung, ich konnte nicht weiter arbeiten, und war gezwungen am 18. Januar den Apparat in unvollkommenenem Zustande hinauszufahren. Die Experimente gelangen in geringer Tiefe sehr gut; ich konnte nicht wagen so tief zu gehen als ich wollte, denn ich verlangte Eisenplatten an der Maschine von ½ Zoll Dicke, die Commission hatte dünnere machen lassen. Meine Vorstellungen dagegen wurden einfach mit dem Ausspruch: »Das verstehen wir besser,« zurückgewiesen.

Ich versenkte mich mit meinen beiden Matrosen immer tiefer; wir wollten so tief gehen, bis eine oder die andere eiserne Platte durch Einbiegen die äußerste Grenze der Widerstandskraft erkennen ließe. Mit einem Male aber knistern, krachen, brechen die Platten; wir wurden hinuntergerissen. Es waren 22 Tausend Pfund Roheisen in unserm Schiff, dieselben rutschten, als daß Schiff eine andere Inklination annahm, und mit ungeheurer Schnelle schoßen wir fast in vertikaler Richtung gegen den Grund des Meeres hinab. Da setzte es sich allmählig in mehr horizontaler Lage fest; es war 9 Uhr Morgens. Die Furcht vor weiteren Zerbrechen des Fahrzeugs war nun zwar gehoben, allein wir mußten die Eisenstücke wegräumen, um die Pumpen frei zu bekommen und uns wieder heben zu können. Nach zwei Stunden ernster Arbeit sahen wir aber, daß die Pumpen abgesprengt und die Röhren in Trümmer gegangen waren. Wir arbeiteten in dem Apparat immer in atmosphärischer Luft; die obere Wand allein hatte bis jetzt dem ungeheuren Druck des Wassers Widerstand geleistet; brach sie, so waren wir verloren. Ich sah, daß die einzige Rettung darin lag, die Luft zu comprimiren, um einen gleich starken Gegendruck zu erzeugen. Ich wollte durch ein Ventil Wasser einlassen, um dieß zu bewerkstelligen; meine Matrosen, mit physikalischen Grundsätzen nicht vertraut, konnten natürlich nicht begreifen, wie das gut sein könne, sie fürchteten, das Wasser werde sie ertränken; doch ich öffnete das Ventil und nach 6½ Stunden waren wir endlich in einer stark genug comprimirten Luft, um vom Wasserdruck nichts mehr befürchten zu müssen. Wir lebten in den 1700 Cubikfuß Luft, welche der Apparat enthielt, von Morgens 9 Uhr bis Abends 4 Uhr. Nach den wissenschaftlichen Aufstellungen hatten wir höchstens 2½ Stunden darin verweilen können; die Erfahrung verschafft andern Ansichten Geltung! Während der langsamen Zusammenpressung der Luft fühlten wir weder

* Geehrten Lesern, welchen es nicht bekannt sein sollte, bemerken wir, daß W. Bauer (aus Dillingen in Schwaben) in dem Holsteinischen Krieg im Jahr 1849 als Kanonier an der Ostsee stand, wo also der Schauplatz seiner hier berührten Wirksamkeit ist.

Schmerzen noch sonst hinderliche Einwirkungen, nur die Augen schienen uns trüber und die Gesichtsfarbe wurde schmutzig bräunlich. Wir machten hier in der Tiefe mit dem Fahrzeug, das man spöttisch nur den Seeteufel genannt hatte, Erfahrungen von unendlichem Interesse, von höchstem Werthe. Wir sahen um 11 Uhr durch unsere Glasluke ein Boot über uns heranschwimmen, das uns lothete. Wir machten hier auch eine deutliche Wahrnehmung von der vergrößenden Eigenschaft des Wassers. Die Leine erschien in einer Entfernung von 40 Fuß vor uns etwa fingerdick, während sie näher gekommen eine ganz gewöhnliche dünne Schnur war. Um den Leuten oben im Boot ein Zeichen zu geben schlugen wir mit Schlüsseln an die Wand unseres Apparates, sie hörten uns; in kurzer Zeit sahen wir eine Menge Boote über uns sich hinbewegen. Wir sahen aus dieser großen Tiefe herauf den Schatten, welchen sie warfen; ja wir sahen sogar Rostflecken und dergleichen Merkmale an jenen Booten und erkannten alle Einzelheiten. Da konnten wir selbst sagen: die Sache ist gut, wir müssen sie fortführen! Schade, wenn wir nimmer hinaufkämen, sie würde vieleicht Jahrhunderte lang als unpraktisch angesehen werden und liegen bleiben. Die Menge der Boote, welche nach uns fischten, brachten uns in neue Besorgniß, hätten sie unsere Glasluke eingestoßen, so mußten wir ertrinken. Es geschah nicht. Da fährt ein alter Kapitäan über uns her, läßt eine Kette herab; sie schlingt sich um den Kopf unseres Apparates und schließt unsere Ausgangsluke. Damit ist wieder jede Aussicht auf Rettung verloren. Doch das Glück war uns günstig; die Kette wird angezogen, unser Apparat neigt sich, die Kette läuft ab und unsere Luft ist wieder frei. Endlich überzeugte ich mich, daß wir das Wasser heben, die Luke aufmachen konnten. Der eine Matrose trat an dieselbe, sie ging auf, die Luft entfloh und schleuderte ihn durch 52 Fuß Wasser mit hinauf an die Oberfläche; er war gerettet. So kam ich auch mit dem andern Matrosen hinauf. Wir hatten viel ausgestanden, allein wir waren gerettet.

Diese Fahrt machte damals viel Aufsehen und ich benützte die gemachten Erfahrungen zur Ausführung eines Apparates mit anderen Hilfsmitteln. Ich baute das Modell eines neuen verbesserten Apparates; sorgte vor Allem dafür, beliebig viel als Ballast dienendes Wasser aus- oder einpumpen zu können. Ich versuchte in Deutschland, in Frankreich, in England vergeblich meine für kriegswie für industrielle Zwecke gleichwichtige Erfindung praktisch ausführen und nutzbar machen zu können. Die Gelehrten-Akademien prüften überall ihren Werth und dokumentirten ihn, aber das war auch Alles, was ich erreichen konnte. Ich ging endlich nach Rußland und baute mit Hilfe einiger Gönner einen neuen Apparat, der 3000 Cubikfuß Luft einzuschließen vermochte und 14 Mann damit nähren konnte. Durch jene wichtige Erfahrung, daß der Mensch so lange in einem bestimmten Quantum Luft leben kann, ohne Schaden zu nehmen, war die Sache in ein ganz anderes Stadium getreten. Es konnten Arbeiten von bestimmter Dauer ohne Bedenken über genügende Sicherheit vorgenommen werden. Ich brachte Vorrichtungen in meinem Apparat an, daß die Leute mit Helmen versehen, auf dem Grund ganz beliebig aus dem Schiff hinausgehen konnten und vom Apparat aus mit Luft versehen wurden. Am Helm des Tauchers brachte ich einen Compaß an, der sich als unentbehrlich erwiesen hat und auf dem Meeresgrund so richtig zeigt, wie oben in der Luft. Ich sorgte ferner dafür, daß sich das Schiff mit größter Schnelligkeit sowohl drehen, als nach jeder beliebigen Richtung fortbewegen konnte. (Die höchst sinnreiche, von der tiefsten Einsicht in die Grundsätze der Physik und Mechanik zeigende Erklärung der für solche Zwecke angebrachten Schrauben, Räder, Steuer u.s.f., die Herr Bauer am Modell sehr klar erläuterte, können wir, wie schon bemerkt, leider nicht wiedergeben.) Mit diesem Apparate habe ich 134 unterseeische Fahrten gemacht und allen Anforderungen, welche die Commission stellte, laut den Dokumenten derselben, in vollkommenster Weise genügt, und es sollte nun die Korvette im Großen ausgeführt werden. Ich hatte in dem Entwurf wieder die Seehundsform gewählt und sie mit Dampfkesseln versehen. Sie war über dem Wasser als Dampfschiff zu gebrauchen und konnte sammt den Kanonen ganz beliebig in die Tiefe gebracht werden, um dort zu agiren. Sie konnte 75 Mann Kanoniere und 5 Offiziere aufnehmen. Im Modell war sie vollständig fertig, allein es traten mir Verhältnisse entgegen, welche die projektirte Ausführung unmöglich machten. Ich hatte bereits 3 Jahre in Rußland zugebracht, man hatte fortwährend gegen mich intriguirt, und jetzt hatte man es endlich so weit gebracht, mich von den einzigen beiden Gönnern, die ich hatte, zu entfernen. Ich erhielt die Weisung, die Ausführung der Korvette in Irkuzk vorzunehmen. Das wollte ich nicht; ich wäre dort den Intriguen noch viel mehr verfallen. Ich ging nicht und verlor meine Existenz. Ich habe für mein geistiges Eigenthum, für meine Erfindung seit vielen Jahren sehr viel gekämpft, und ich weiß wohl, daß alle diese Dinge schon längst ausgeführt wären, und reiche Ausbeute geben würden, wenn ich mich als willenloses Werkzeug der Ausländer dazu hätte brauchen lassen, wie so viele unserer Landsleute, die im Ausland ausgebeutet werden und die durch die Verhältnisse genöthigt, für den Ruhm und Vortheil fremder Länder sorgen. Meine Erfindung ist das Produkt eines deutschen Geistes und sie soll deutsch bleiben; sie soll durch mich unter allen Verhältnissen im Interesse des Vaterlandes gefördert werden, und ich hoffe doch endlich eine glückliche Lösung zu erreichen!«

Herr Bauer bespricht weiter die vortheilhafte Verwendung seiner Erfindung für industrielle und wissenschaftliche Zwecke; weist auf die vielen am Meeresgrunde liegenden Schiffe hin, welche dadurch ohne Schwierigkeit gehoben werden können und berichtet sodann ausführlich über die drei vollständig gelungenen Hebungsversuche am »Ludwig« im Bodensee und erfüllt durch seine treue und spannende Schilderung die Zuhörer ebenso mit Bewunderung seines scharfsinnigen Geistes, als seiner Umsicht und Ruhe bei seinen Arbeiten. Die Stimmung gegen Jene, welche mit den elendesten Mitteln ihm entgegenarbeiten und welche gegenüber der anspruchslosen Darstellung Bauers sich so grell geltend macht, ist nicht wohl zu schildern. Ueber die Hebung des Ludwig verweisen wir auf den vor einiger Zeit in der Gartenlaube erschienenen Aufsatz. Die Unterstützung des genialen Meisters aber zur Realisirung seiner herrlichen Erfindung empfehlen wir jedem edeldenkenden Deutschen auf's Angelegentlichste.

Beilage 7

Bauers Bericht über den Verlust des »Brandtauchers«
in Kiel am 1. Februar 1851
Auszug aus seiner Autobiographie :
»Erinnerungen aus meinem bewegten Leben« (1866 bis 1868)
(Seite 31 bis 50)
Man beachte die zusätzlichen Einzelheiten mit den Ballasthaufen. Die erreichte Tiefe wird hier mit 52 Fuß angegeben. Beide Seiten des Bootes werden eingedrückt und die Treträder in Stücke gesprengt. Interessant ist auch der Vorfall mit Thomsen.

»Nachdem die Reinigung und Ausbesserung vorgenommen war, wollte ich ein größeres Experiment über das »Tieffahren« anstellen.

In dieser Richtung war nämlich die Commission der Marine in widersprechendster Ansicht gegen meine Behauptung. Die Marine-Commission strich mir bei Erbauung des Apparats alle meine proponirten Stärken und gab zu Protokoll, daß nach ihrer Überzeugung und nach der mathematischen Berechnung auch die mir, von ihr angewiesenen Stärke genüge, um eine Tiefe von 100 Fuß ohne Gefahr befahren zu können. Ich dagegen behauptete, daß diese Stärke der Rippen und Wandung höchstens 30 Fuß sicher halten, dann aber einbiegen müßten. Doch diese Herren belachten meinen Einwand und bemerkten:

»Das müssen wir besser verstehen.«

Ich konnte diese Herren nur einladen, mit mir zu fahren als ich beabsichtigte so tief zu fahren, bis der Apparat ein Zeichen gibt, daß er einbrechen will, ob ich dann noch heraufkommen kann, das wüßte ich nicht zu behaupten. Die Herren Commissionsmitglieder lehnten diese Begleitung ab, indem sie Weib und Kind haben.

Nachdem mir die Ablehnung von Seite der Commissionsmitglieder bekanntgegeben war, entschloß ich mich, mit meinen beiden Matrosen die Fahrt allein auszuführen. Da ich aber nicht wußte, ob es mir möglich sein wird, die nötige Hebung des Apparates zu erreichen und die Rückkehr zu sichern — so wollte ich Sorge tragen, daß wenigstens die Zeichnungen, Berechnungen und andere Effekten an die betreffenden Persönlichkeiten gelangen. Zu diesem Behufe übergab ich meiner Quartierfrau die unter Siegel und Adressen gebrachten Zeichnungen, Berechnungen und Effekten mit dem Auftrage, im Falle ich nicht wiederkommen sollte bis zu Abend, so möge sie die Zeichnungen und Rollen an die Post abgeben, dann werden sie an den Adressaten gelangen. Obgleich meine Quartierfrau ziemlichen Lärm aufschlug, daß ich und meine Leute eine so gefahrvolle Fahrt zu machen beabsichtigten, so legte sich diese Aufregung doch in kurzer Zeit, bis am anderen Tag die Bestätigung meiner Vorausetzung erfolgte. —

Am 1ten Februar 1851 morgens 8 Uhr frug ich meine beiden Matrosen, Witt und Thomsen, ob sie geneigt seien, mit mir zu fahren, ich beabsichtige heute so tief zu fahren, bis der Apparat ein Zeichen des Einbrechens geben wird, es sei möglich daß es mir nicht gelingt, den Apparat noch einmal an das Niveau zu bringen, doch glaube ich, Mittel und Wege zu finden, einem Unglück frühzeitig genug vorbeugen zu können. Ich stellte es ihnen jedoch ganz anheim, wenn sie nicht mitfahren wollen, mögen sie sich frei aussprechen, dann fahre ich allein. Darauf erklärte mir Witt, daß sie sich nicht mit Fleiß ertränken, das wissen wir und wenn etwas passieren sollte, nun, dann müssen wir es halt miteinander teilen. Ebenso schloß sich Thomsen dieser Äußerung an und sagte:

»Ich fahre auch mit, haben Sie uns so oft geführt, werden Sie uns wieder führen.«

Gleich darauf bestiegen wir ein Boot und fuhren zum Apparat, welcher in der Bucht vor Anker lag und bestiegen dessen inneren Raum, fuhren dann an der tiefsten Stelle der Bucht von Kiel, nahmen um 9 Uhr morgens Wasserballast ein und versenkten den Apparat.

Während dieser Bewegung zeigte sich, daß das Hinterteil des Apparates etwas voraussinke. Ich ließ das Direktionsgewicht vorbringen, um die Ballangs herzustellen, doch gelang es uns nicht so schnell, die Ausgleichung zu bewerkstelligen, als sich inzwischen einige Stücke Ballast nach hinten bewegten. —

Ich muß überhaupt dabei bemerken, daß durch das Streichen meiner Stärken durch die Commission das Gewicht der Eisenwandungen, Rippen, Steuer p.p. durch Ballast in Roheisen ersetzt werden mußte, daher es kam, daß ich 22000 Pfund Roheisen in Haufen im Raum des Apparates aufschlichten mußte, wofür unter dem Fußboden nicht mehr Raum genug geboten war. Durch diese Ballasthaufen aber erwuchs uns die größte Gefahr; denn als der Apparat mit seiner Achse während dem Übergang von der horizontalen Richtung in die vertikale Lage kam, stürzten sämtliche Ballasthaufen nach hinten. Gleichzeitig erreichte unser Apparat die Tiefe von 30 Fuß und mit dem Augenblick, wo ich nach dem Manometer schaute und dem Matrosen Witt zurief, jetzt sind wir 30 Fuß tief, wenn die Wand da oben aushält, so können wir uns retten, da fing auch der Apparat an zu krachen, die äußeren Wänden bogen ein, die großen Tretträder von 7 Fuß Durchmesser wurden in Stücke gesprengt, starke Wellen aus Eisen sowie Eichenholzbalken von 7 Zoll im Quadrat wurden wie Splitter zerknickt, und der ganze Apparat sank mit zunehmender Schnelligkeit tiefer, bis er bei 52 Fuß Tiefe den Grund erreichte. Während dem Hinabsinken zum Grund klammerten wir uns an den Rippen des Apparates fest und suchten, unsere Glieder den fallenden Ballaststücken zu entziehen. Da, mitten im Sinken, deutete der Matrose Witt mit der Hand nach einem Haufen Ballast, welcher ganz im Vorderteil aufgeschlichtet lag und der nun auch in die Tiefe zu stürzen drohte. Ich erkannte, daß wenn ich ihn sofort unterstütze, indem ich mich mit dem Rücken gegen ihn stemme, ich möglicherweise unser aller Glieder und Leben zu sichern vermag. Wenn nicht? So werden diese Ballaste uns zerkrüppeln und begraben.

Die bereits früher in das Hinterende gestützten Haufen Ballast hatten unsere Pumpen, Prausen und Manometer zertrümmert. Ich warf mich daher sofort auf den Boden, stemmte mich mit Händen und Füßen gegen die Rippen des Apparates und suchte, mit dem Rücken diesen Ballasthaufen von circa 4000 Pfd. nicht in Bewegung kommen zu lassen. Nach circa 5 Minuten erreichte der Apparat den Grund und stellte sich wieder nahezu horizontal.

Kaum auf dem Grund angekommen half ich, den Ballast wieder vorbringen, wobei wir bei jedem Stück Ballast unter Wasser tauchen mußten, um es erfassen und dann auf ungefähr 8 oder 10 Fuß vorwärts schleudern zu können.

Doch bald erkannten wir die Vergeblichkeit unseres Bemühens; denn es wuchs das Leckwasser im inneren Raum so schnell, daß wir nach circa einer halben Stunde bis an die Hüften im Wasser standen. Doch da der innere Raum des Apparates mit einfacher athmosphärischer Luft gefüllt war, so wußte ich, daß bei der eingenommenen Tiefe das Wasser mindestens bis 7 Fuß Höhe aufsteigen müsse, ehe die Luft zu gleicher Pression zusammengedrückt wird, wie die äußere Wassersäule einzudringen versuchte. Nun forderte ich meine beiden Matrosen auf, die Arbeit des Ballastwerfens aufzugeben, sich aus den tiefliegenden Stellen, wo sie bis an die Hüften, später bis an die Schultern, im Wasser standen, herauszubegeben und auf den zerbrochenen Treträdern oder auf einem sonst wo möglichen hochgelegenen Teile Platz zu nehmen, denn nachdem der Apparat den Grund erreicht hatte, blieben die eingebogenen Wände in der eingenommenen Form. Wir mußten nun abwarten, bis die Luft zu derselben Pression gebracht ist, welche durch die Wassersäule ausgeübt wird. Inzwischen frugen mich die Matrosen:

»Wie lange müssen wir wohl hier bleiben?«

Ich erwiderte ihnen hierauf:

»Wir können gleich heraus, wenn wir das Ventil, womit wir den Wasserballast einnahmen öffnen, aber es sind noch keine Boote oben, die uns aufnehmen könnten, daher sei es ratsamer zu warten, bis wir das eine oder andere Schiff sehen werden.«

Darauf baten mich die beiden, ich möchte es nicht öffnen (das Ventil), sie wollen lieber warten. Doch währte es kaum eine halbe Stunden, als sie mich wieder frugen:

»Wie lange müssen wir noch hier bleiben?«

Da sagte ich ihnen:

»Wir werden warten müssen bis das Wasser bis zu 7 Fuß gestiegen sein wird, da wird es noch wenigstens 3-4 Stunden dauern.«

Darauf lamentirten beide und erklärten sich gegenseitig:

»Ja dann sind wir verloren, denn entweder wir ersticken oder wir müssen ertrinken, weil uns die Luft ausgehen wird.«

(Die Matrosen erinnerten sich nämlich, daß die Herren Professoren und Prüfungscommissionsglieder erklärten, daß das in dem Apparat eingeschlossene Luftquantum von 1070 Cub. Fuß nur für $1\frac{1}{2}$ bis höchstens 2 Stunden Existenz sichern könne, wenn ich dem Apparat drei Mann leben sollen).

In Folge der Erwartung des Erstikkungstodes oder des Ertrinkens schien es besonders dem Matrosen Thomsen sehr schwer zu fallen, und er zeigte einige Verzagtheit; — denn als Matrose Witt mir sagte:

»Ja, wenn ich auch jetzt hinaus kann, so bin ich doch verloren, denn ich kann nicht schwimmen«,

während ich ihn dadurch zu beruhigen suchte, daß ich ihm den Rat erteilte,

»Nun, so binden Sie sich diese zerbrochenen Bretter und Holzstücke zusammen und schieben Sie sie voraus, dann werden Sie diese als Floß benützen, dann werden Sie schon so lange oben bleiben können, bis ein Schiff Sie holt.«

Darauf sagte Witt zu mir:

»Es ist doch merkwürdig, Sie wissen immer Rat, es mag kommen, was will,«

während der Matrose Thomsen gerade durch dieses handliche Mittel der Rettung für Witt eine wenigere sichere Hilfe in seiner Schwimmkunst erkannte, denn plötzlich unterließ er jede Arbeit und nach einigen Minuten rief er:

»Friedrich [*Witt*], ich sterbe nicht allein, es muß auch der fallen, der uns da heruntergeführt hat.«

Ergriff zugleich sein Matrosenmesser und schritt mit demselben im Wasser in der Richtung nach mir. Ich befand mich zur Zeit auf einem der zerbrochenen Tretträder, war in meinem Militärmantel eingehüllt und beobachtete durch das Fenster die Oberfläche des Wassers, wo ich entfernte Dampfschiffe, Boote und einige andere Objekte sah. Als ich die Worte des Thomsen hörte und wohl begriff, daß ihn die geistige Abspannung selbst bis zur Meuterei treiben könnte, so ergriff ich mein kleines Terzerol, welches allerdings schon bereits seit einer Stunde unter Wasser hing, ich schlug sofort auf Thomsen an mit dem Zuruf:

»Thomsen, noch ein Wort und sie sind der Erste, der unter dem Wasser erschossen ist.«

Thomsen kannte mich und nicht bedenkend, daß mein Terzerol nicht allein nicht geladen, sondern faktisch von Wasser triefte, ergab sich dem Geschick und zeigte hierauf die äußerste Abspannung.

Kurze Zeit darauf sah ich durch das Vorderfenster am Kopf eine Lodleine gerade auf uns zukommen; als dieses dicht an unserem Kopf mit dem Lod anstieß, ergriff ich einen eisernen Schraubenschlüssel und schlug gegen die Eisenwand, welches von den oben im Boot sitzenden Fischern sofort vernommen wurde und zu einer optischen und akustischen Telegraphenverbindung zwischen dem Boot und mir Verband gab. Dieser Fischer machte nun Alarm und die Fischerboote aus Kiel und Umgebung eilten nun schleunigst nach der Stelle, wo der Apparat lag. Es sammelten sich an 4-500 Menschen in Booten p. p., ebenso kam die Marine mit ihren Dampf-Kanonenbooten zur Stelle. Nun wurden alle möglichen Versuche gemacht, den Apparat und seine Bewohner an die Oberfläche zu bringen, doch mit jedem Versuch zur Rettung erwuchs neue Gefahr, so z. B. als Kapitän Hösch in der Absicht, unseren Apparat aufzuankern, einen Anker hinunterließ, so fischte derselbe an einem unserer Fenster und nahezu drückte er dasselbe ein, in welchem Falle unsere Luft entweichen und das Wasser eindringen konnte, ohne daß wir die Pression erlangen oder die Luke öffnen konnten. Als Kapitän Hösch nach mehrmaligem Versuche fand, daß er auf diesem Wege zu keinem Resultate gelange, brachte er eine lange schwere Kette, umfuhr den Apparat mit einer außerordentlichen Geschicklichkeit, so daß die Kette sich genau um den Kopf des Apparates schlang.

Nachdem dieses so weit gelungen war, ließ er alle Taue, Ketten p. p. an dieses Kettenende befestigen und führte so das andere Ende nach dem Land auf die Werfte, dort mußten Matrosen an dem s. g. Gangspiel gehen und den Apparat anziehen.

Bei dieser Rettungsmanipulation waren uns verschiedene Gefahren erwachsen. Einmal verschloß uns die Kette, die am Hinterkopf des Apparates befindliche Ausgangsluke; wir konnten also nicht heraus, obgleich wir bereits so heftig comprimirte Luft hatten, daß wir die Luke lüften und uns retten könnten.

Andererseits trat die Gefahr sehr nahe, daß bei dem heftigen Zug der Kette unser Apparat so stark seitwärts geneigt werde, daß wir die Luke nicht mehr öffnen können, und außerdem mußten sich die Ballaste zu unserem Nachteile wieder anders plazieren. Doch eigentümlich genug, in der höchsten Gefahr trat auch die Hilfe ein; es riß der Verbandhaken der Kette, im selbigen Moment rasselte die Kette vom Apparat, und dieser stellte sich sofort nahezu wieder vertikal.

Nun rief ich meinen Matrosen zu:

»Jetzt ist es Zeit, daß wir herauskommen, sonst schließen wir uns noch einmal ein.«

Wir gingen sofort an die Pumpe, um den Hebel loszumachen. Matrose Witt, welcher kurze Zeit früher geäußert hatte:

»Es ist einerlei, wenn wir wieder heraufkommen und wieder so ein Apparat gebaut wird, so fahre ich doch gleich wieder mit, denn die Geschichte ist gut; daß uns die Pumpen versagt haben, dafür können wir nicht«,

versuchte nun die Luke zu lüften, während der Matrose Thomsen, der bis an den Hals im Wasser stand, ganz erstarrt schien. Es gelang auch Witt, die Luke circa 2 Zoll zu heben, wobei Wasser von außen einstürzte, während sich ein gleiches Quantum Luft nach der Oberfläche bewegte.

Durch dieses eindringende Wasser erschreckt, schloß Witt die Luke sofort wieder zu, für mich aber war es ein Beweis, daß wir wirklich jetzt herauskönnen. Ich eilte nun über die Trümmer unserer mechanischer Einrichtung zu Thomsen, half ihm bis vor zur Luke, wo der brave Witt ruhig oben saß und wartete, bis ich mit Thomsen zu ihm kam, da fragte Witt:

»Sind Sie fertig?«

und als ich rief:

»Ja«,

öffnete er die Luke und wurde somit von der ausströmenden Luftsäule erfaßt und an das Niveau geschleudert, so daß er circa 52 Fuß in weniger als einer Sekunde zurücklegte, dort bis an die Waden über die Oberfläche des Wassers hinausschoß, dann umfiel, und von den anwesenden Fischern und Bootsleuten gerettet und ins Boot gezogen wurde.

Als ich Witt aus dem Apparat entfernt sah, rief ich dem Thomsen zu:

»Vorwärts Thomsen, jetzt ist es Zeit«,

er raffte sich auf, klammerte sich an allen einzelnen faßbaren Teilen an, doch da ich bemerkte, daß er schon mit gewissem Todeskampfe die Gegenstände erfaßte, so fürchtete ich, er könnte von der hereinstürzenden Wassersäule erstickt werden, ohne daß er die Kraft besitzt, sich in die aufsteigende Luftsäule hinüber zu bewegen, daher zog ich es vor, vor ihm in die Luke zu treten und ihn bei den Haaren zu erfassen und mit Gewalt durch die Luke zu schleifen; es gelang mir dieses umso leichter, als Thomsen den Moment der Rettung erkannte und das Äußerste aufbot, meinem Befehl nachzukommen.

Da er von der Luftsäule erfaßt gerade hinaufgeschleudert wurde, so kam Thomsen um wenige Sekunden vor mir an der Oberfläche an; ich selbst hatte ein Tau erfaßt, welches von den verschiedenen Rettungsversuchen am Apparat hing, und mittels diesem Taue kam ich bei einem circa 40 Schritt entferntem Kanonenboote hinauf. Während diesem Akt der Selbstrettung hielt Herr Professor Christiansen eine Leichencermonie im Kreise der Boote über dem Apparat, und in dem Augenblick, als wir rasch nacheinander hinaufkamen, sahen wir, daß die Zuhörer von der Rede des Herrn Professors, wie auch von dem ganzen Vorgange mehr ergriffen waren als wie wir, die wir aus dem Eisensarge erstanden waren. Selbstverständlich erschallte bei unserem Aufschwingen und glücklichen Rettung ein fast endloses Hurra und Beglückwünschen.

Ich selbst erhielt sogleich von einem Kriegskameraden, welcher zur Zeit verwundet im Lazarett in Kiel war, seinen Mantel gelehnt, um mich vor Frost so lange zu schützen, bis ich in das nächste Haus gebracht war, wohin mich Herr Prof. Christiansen, Karstens und andern Herren begleiteten,

/: ja, Herr Prof. Christiansen fiel mir sogar um den Hals mit dem Ausruf:

»Bauer, jetzt sind Sie noch einmal so interessant als zuvor.«:/

Witt befand sich vollkommen wohl, begab sich sofort auf die Matrosenwache, trocknete daselbst seine Kleider und kam denselben Abend noch zu mir, um Befehl zu erholen. Thomsen, welcher von den $6\frac{1}{2}$ Stunden, die er da unten zubrachte, ganz erstarrt war, mußte ins Spital gebracht werden; — dort übten die geistigen Koryphäen der Chirurgie ihre Exerzitien an dem armen Thomsen aus, verbrannten ihm die Fußsohlen mit heißen Wärmeflaschen, so, daß er, im übrigen wohl und gesund, 6 Wochen im Spital liegen mußte, bis ihm neue Fußsohlen ergänzt waren.

Zu meiner großen Freude kann ich hier einschalten, daß der Zufall wollte, daß ich mit meinem Apparat und meinen Gefährten die $6\frac{1}{2}$ Stunden (von 9-$3\frac{1}{2}$ Uhr) in der Tiefe der See weilte, während welchen — 1ten Februar 1851 — die denkwürdige Übergabe Schleswig-Holsteins an Dänemark durch Preußen und Österreichs Commissäre erfolgte.

Auf Befehl des Generalkommandos wurde der Apparat vom Marinekommando im Submarinezustande übernommen und ein Protokoll über den Hergang der Sache bei Verlust des Apparates aufgenommen, welches hier in Abschrift anliegt. [*Anmerkung: Protokoll vom 15. Februar 1851, wie unter [55]*]

Von dem Commitee und den Fabrikanten Schweffel und Howaldt wurden mir hundert Taler eingehändigt, um damit meine Rückreise antreten zu können, gleichzeitig erhielt ich meine Feldzulage und die für 9jährige Dienstzeit. Ich begab mich dann von Kiel nach Hamburg, dort fand ich bei Kaufmann Arenthal und den Gebrüdern Benlöw eine außerordentlich freundliche Aufnahme vom Schleswig-Holsteinischen Commitee Reisemittel, um sofort nach München reisen und ein Modell ausführen zu können, welches den Erfahrungen entspricht. ...«

Verzeichnis der Bilder

Bild 1: Wilhelm Bauer. Ausschnitt aus einer Lithographie von Josef Bauer 1860, dem älteren Bruder Wilhelm Bauers. — Gedruckt bei Jos. Stoufs, Wien —
Reprod.: Herold

Bild 2: Sonderburg. Die Schiffsbrücke über den Alsensund.
Bauer hatte am 13. April 1849 die Idee diese Brücke zu sprengen, um den dänischen Verteidigern der Düppeler Höhen den Nachschub abzuschneiden. Daraus entstand dann die Absicht ein Tauchboot zu bauen.
Reprod.: Herold

Bild 3: Ansicht der Stadt Kiel (Um 1846)
Fotografie: Stadtarchiv Kiel

Bild 4: Tauchboot von Wilhelm Bauer mit Muskelkraftantrieb, 1850, Eigenhändige Zeichnung (62 x 47 cm).
Deutsches Museum München, Zeichnungs-Nr.: 22 37.
Fotografie: Deutsches Museum München

Bild 5: Wilhelm Bauers »Brandtaucher«, Kiel 1850/51
Illustration zum Vortrag von Geheimrat Prof. C. Busley am 5. Dezember 1899.
Jahrbuch der Schiffbautechnischen Gesellschaft, Berlin 1900 (1.Jhrg.), Seite 71

Bild 6: Modell des »Brandtauchers«
Angefertigt von Max Marx, Mechaniker, Berlin NW, für das Museum für Meereskunde in Berlin, heute im Deutschen Museum München
Fotografie: Deutsches Museum München

Bild 7: Seiten- und Vorderansicht sowie Längsschnitt des »Brandtauchers« aus Wilhelm Bauers Brief vom 23./24. Januar 1851 aus Kiel an seine Eltern in München.
Fotografie: Herold

Bild 8: Seitenansicht des »Brandtauchers«
Vergrößerung aus Wilhelm Bauers Brief vom 23./24. Januar 1851 aus Kiel an seine Eltern in München
Fotografie: Herold

Bild 9: Vorderansicht des »Brandtauchers«
Vergrößerung aus Wilhelm Bauers Brief vom 23./24. Januar 1851 aus Kiel an seine Eltern in München
Fotografie: Herold

Bild 10: Längsschnitt durch den »Brandtaucher«
Vergrößerung aus Wilhelm Bauers Brief vom 23./24. Januar 1851 aus Kiel an seine Eltern in München
Fotografie: Herold

Bild 11: Witt, Bauer und Thomsen verlassen mit der Luftblase den am 1. Februar 1851 im Kieler Hafen gesunkenen »Brand-Tauch-Apparat«
Ausschnitt-Reproduktion nach einem Bild im Stadtarchiv Dillingen a. d. Donau.

Bild 12: Die Rettung aus dem gesunkenen »Brandtaucher«.
Kolorierte Skizze des Aussteigens vom Witt, Bauer und Thomsen aus dem gesunkenen »Brandtaucher« am 1. Februar 1851.
Stadtarchiv Dillingen a. d. Donau, Mappe 2, Nr. 13.
Fotografie: Herold

Bild 13: Längsschnitt durch den im Kieler Hafen am 1. Februar 1851 gesunkenen »Brandtaucher«
Nach der Bildbeilage zu der Broschüre von Ludwig Hauff: Die Unterseeische Schifffahrt, erfunden von Wilhelm Bauer. Bamberg 1859.

Bild 14: Demonstrationsmodell eines Tauchbootes von Wilhelm Bauer aus dem Jahre 1853.
Die Antriebsmaschine ist ein Uhrwerk.
Deutsches Museum München
Fotografie: Deutsches Museum München

Bild 15: Der »Brandtaucher«
Zeichnung von H.-G. Bethge aus dem Jahre 1968

Bild 16a Der »Brandtaucher«
und 16b: Modell von H.-J. Lawrenz aus dem Jahre 1967, ausgestellt im Schiffahrtsmuseum Kiel.
Fotografie: Lawrenz, Kiel

Bild 17: Schweffel & Howaldt in Kiel
In der Maschinenfabrik auf der Rosenwiese am Eisenbahndamm wurde der »Brandtaucher« erbaut.
Briefkopf einer Firmenrechnung vom 31. Oktober 1850.
Fotografie: Stadtarchiv Kiel

Bild 18: Hyponautischer Apparat, 12. Februar 1853, von Wilhelm Bauer, Hyponaut.
Deutsches Museum München, Zeichnungs-Nr.: 2239
Fotografie: Deutsches Museum München

Bild 19: Der »Brandtaucher« wird am 18. Dezember 1850 aus der Maschinenfabrik von Schweffel & Howaldt in Kiel auf der Rosenwiese am Eisenbahndamm zu Wasser gebracht.
Weber's »Illustrirte Zeitung« Leipzig 8. März 1851, Seite 164
Fotografie: Stadtarchiv Kiel

Bild 20: Gedenktafel in Kiel am Neubau der Oberpostdirektion am Eisenbahndamm.
An dieser Stelle befand sich früher die Maschinenfabrik von Schweffel & Howaldt, in der 1850 der »Brandtaucher« unter Bauers Leitung erbaut wurde.
Fotografie: A. Prochnow

Bild 20a: Der Antrieb des »Brandtauchers«. Zustand des Bootes im Museum für Meereskunde etwa im Jahre 1935.
(Herkunft des Fotos: Sammlung Jorberg im Deutschen Museum München)
Reproduktion: Herold

Bild 21: »Der Kieler Hafen«.
Ausschnitt aus der Seekarte Maßstab 1:12 500.
Nach den Vermessungen von 1894-1901. Bundesarchiv-Militärarchiv RM 31/188

Bild 22: Wilhelm Bauer und Friedrich Witt am 2. Februar 1851 nach dem Untergang des »Brandtauchers«.
Herkunft des Bildes, Kopie von einer Daguerreotypie, unbestimmt, vermutlich ehem. Museum für Meereskunde in Berlin.

Bild 22a: Der »Brandtaucher« im Jahre 1906 in Kiel.
Verladen zum Transport mit der Eisenbahn nach Berlin zum Museum für Meereskunde.
(Herkunft des Fotos: Sammlung Jorberg im Deutschen Museum München)
Reproduktion: Herold

Bild 23: Der am 5. Juli 1887 im Kieler Hafen gehobene »Brandtaucher« Wilhelm Bauers, das erste deutsche Unterseeboot. Zustand im Museum für Meereskunde Berlin im Jahre 1906
Bild nach »Meereskunde«, 1. Jhrg., 2. Heft, Holzhauer: Unterseeboote, 1907.
Reproduktion: Herold

Bild 24: Innenansicht von Wilhelm Bauers »Brandtaucher« nach der Hebung im Jahre 1887
Bild nach »Meereskunde«, 1. Jahrg., 2. Heft, Holzhauer: Unterseeboote, 1907
Reproduktion: Herold

Bild 25: Der »Brandtaucher« in der Ruine des Museums für Meereskunde in Berlin und der
bis Transport von Berlin nach Rostock
Bild 28: (Herkunft der Bilder: Sammlung Jorberg im Deutschen Museum München)
Reproduktion: Herold

Bild 29: Der »Brandtaucher« im Jahre 1963 in Rostock auf der Neptun-Werft vor der Rekonstruktion.
Fotografie: Werkfoto Neptun-Werft Rostock

Bild 30: Der »Brandtaucher« ohne Kopf.
Ansicht der Steuerbordseite. Das Boot wurde in der Zeit vom 18. September 1963 bis zum 14. August 1965 von Angehörigen der Betriebsberufsschule der Neptun-Werft in Rostock rekonstruiert nach den Zeichnungen von Dipl.-Ing. H.-G. Bethge
Fotografie: Werkfoto Neptun-Werft Rostock

Bild 31: Die Backbordseite am Bug des »Brandtauchers« vor der Rekonstruktion
Fotografie: Werkfoto Neptun-Werft Rostock

Bild 32: Der zusammengebrochene Steuerstand des »Brandtauchers« 1963, vor dem Beginn der Rekonstruktionsarbeiten.
Fotografie: Werkfoto Neptun-Werft Rostock

Bild 33: Silhouette des aufgetauchten »Brandtauchers« mit korrigierter Kopfsektion.
Zeichnungsmontage: Herold

Bild 34: Der »Brandtaucher« im Freigelände des Armeemuseums Potsdam im Jahre 1966.
Fotografie: Militärhistorisches Museum Dresden

Bild 35: Der »Brandtaucher« im Militärhistorischen Museum Dresden.
Fotografie: Militärhistorisches Museum Dresden

Bild 36: Der Steuerstand des »Brandtauchers« nach der Rekonstruktion.
Fotografie: Militärhistorisches Museum Dresden

Bild 37: Der durch Menschenkraft betriebene Antrieb des »Brandtauchers« mit umschaltbarem Getriebe.
Fotografie: Militärhistorisches Museum Dresden

Bild 38: Der »Brandtaucher« im Militärhistorischen Museum in Dresden.
Bugansicht mit dem Kopf bzw. Turm
Fotografie: Militärhistorisches Museum Dresden

Bild 39: Der »Brandtaucher« in Hamburg von September bis Oktober 1990.
Fotografie: Hamburg Messe und Congress GmbH. / HMC / NICO

Der Autor

Fregattenkapitän a.D. Klaus Herold wurde am 2. April 1922 in Oberneukirch (Lausitz) geboren. Nach dem Abitur an der Oberschule zu Bischofswerda (Sachsen) Eintritt in die Kriegsmarine am 1. Dezember 1939 als Ingenieur-Offizier-Anwärter (Crew XII/39). Im November 1942 erhielt er sein erstes Kommando als Leitender Ingenieur eines Unterseebootes. Nach der Entlassung aus der Kriegsgefangenschaft im Dezember 1945 Industrie- und Behördentätigkeit sowie Studium der Hochfrequenztechnik. Am 1. Juni 1960 Eintritt in die Bundesmarine. Nach dem Ende der Dienstzeit am 30. September 1979 tätig als Berater in der Industrie.

Bereits im Jahre 1941 beschäftigte sich der Autor mit der Person Wilhelm Bauers und seinen Erfindungen. 1968 und 1973 war er Mitarbeiter an zwei Büchern, die sich mit der Erfindung und Entwicklung des Unterseebootes befaßten. Weil damals noch viele Archive unter den Folgen der kriegsbedingten Verlagerungen zu leiden hatten, so gingen seine Aussagen über Wilhelm Bauer nicht über die bekannten, oft legendären Angaben hinaus. Seine eigentlichen, intensiven Nachforschungen begann er erst im Jahre 1984. Für das Deutsche Museum in München brachte er ein Privatarchiv in seine ursprüngliche Ordnung. In den Jahren 1990/91 beschäftigte sich der Autor mit dem schriftlichen Nachlaß Wilhelm Bauers, der zum größten Teil im Stadtarchiv in Dillingen an der Donau liegt. Er ordnete und katalogisierte diesen erstmalig und legte dafür ein Findbuch an.

Die Nachforschungen über den Bauerschen »Brandtaucher« litten bis Ende 1989 unter der Teilung Deutschlands. Erst im Januar 1990 konnten die ersten Verbindungen zu Dipl.-Ing. H.-G. Bethge in Rostock, der die Rekonstruktion des »Brandtauchers« geleitet hatte, hergestellt werden. Es folgten dann mehrere Vorträge über den „Kieler Brandtaucher«, ebenso wie einige Zeitschriftenartikel.

Durch Bauers Tätigkeit in Schleswig-Holstein, Österreich, England, Frankreich, Rußland, Preußen, Bayern, Württemberg und in der Schweiz, die auch mit mehrfachen Aufenthalten in den einzelnen Ländern verbunden waren, sind die Akten über sein Leben und Wirken über viele Archive in Europa verstreut. Sie aufzufinden ist äußerst mühsam, aber vielleicht gelingt es dem Autor eines Tages die Biographie Wilhelm Bauers zu vollenden.